Anonymous

Die Franzosen in Deutschland

Siebente Auflage

Anonymous

Die Franzosen in Deutschland
Siebente Auflage

ISBN/EAN: 9783337128067

Printed in Europe, USA, Canada, Australia, Japan

Cover: Foto ©ninafisch / pixelio.de

More available books at **www.hansebooks.com**

Die Franzosen

in

Deutschland.

~~~~~~~~~

Siebente Auflage.
(Die erste Auflage erschien im Juli 1870.)

————————— ••═•• —————————

München 1870.

Verlag von Cäsar Fritsch.

Vorwort.

Seit dreihundert Jahren hat Frankreich Raubeinfälle in Deutsch= land gemacht, hat uns unsere schönsten Länder gestohlen, hat unser Land mit Strömen Blutes übergossen und unser Volk der Vernich= tung zugeführt! Wie wilde Bestien haben die Franzosen in den deutschen Landen gehaust und solche Gräuelthaten verübt, daß uns bei dem Andenken daran das Blut erstarrt. Heute haben sie einen neuen Raubzug nach Deutschland versucht; ganz Frankreich erscholl von dem Gebrüll: „an den Rhein, an den Rhein!" Mit einer Anmaßung traten sie gegen Deutschland auf, mit einer Nichtswürdigkeit riefen sie den Krieg hervor, die unerhört sind in der Geschichte civilisirter Völker, und nur an das erinnern, was die Franzosen unter ihrem ersten Napoleon und in den früheren Jahrhunderten an Uebermuth und an Barbarei geleistet. Sie reden von Wahrung ihrer Ehre und ihrer Interessen und führen die Sprache von Professionsräubern. Alles was der Eitelkeit und den nationalen Bestrebungen der Franzosen zuwider ist, ist ihnen ein Kriegsfall, und weil wir Deutsche Miene machen, auch eine Nation zu sein und uns gegen ihre unverschämten Zumuthungen zu sichern, so sind ihre Interessen, die uns bei Gele= genheit immer bestehlen wollen, und ihre Eitelkeit, die uns immer bevormunden will, beleidigt und der Kriegsfall ist gegeben.

Um aber leichteres Spiel bei ihrem Beutezug zu haben, suchten die Franzosen in Deutschland selbst Bundesgenossen. Sie machten es heute wie zu allen Zeiten; sie speculirten auf die Niedertracht, den Vaterlandsverrath eines Theiles der Deutschen und suchten sich mit Hilfe dieses Verraths in den Besitz deutschen Landes zu setzen und wieder die Oberhoheit über Deutschland zu erlangen.

Werfen wir in diesem Büchlein, dessen erste Ausgabe sofort nach der frechen Kriegserklärung Napoleons im Juli 1870 erfolgte und das seitdem 6 mal gedruckt werden mußte, einen Blick auf die ver= gangenen Jahrhunderte, so sehen wir, was uns in Zukunft bevor= stände, wenn es der eitlen, übermüthigen und im Glücke grausamen Nation der Franzosen noch einmal gelingen sollte, uns zu unterjochen; wir sehen aber auch, daß es von jeher nur unsere Zerrissenheit war, die dem Erbfeinde den Sieg über uns gewinnen ließ. Sie hat das deutsche Volk seiner Kraft, seines Reichthums, seiner Ehre beraubt und hat es zum Spielballe und zum Spotte raubgieriger Feinde gemacht.

Am 18. Oktober 1870.

Am Besten wäre es freilich, wenn die Völker Hand in Hand ihrer Wohlfahrt nachgingen und keinen andern Kampf mehr führten als den Wettkampf um die Ehre, das gebildetste, das freieste, das in allen Künsten und Errungenschaften des Friedens ausgezeichnetste Volk zu sein. Aber dazu wird es noch lange nicht kommen, wenigstens wird es uns Deutschen nicht vergönnt sein, unser Brod in Frieden zu bauen und in Ruhe zu genießen, so lange unser Nachbar, der Franzos daneben glaubt, daß er beständig an uns sein Müthchen kühlen und uns Schimpf= und Drohworte zuschreien dürfe, wenn wir Miene machen, auch etwas gelten zu wollen in der Welt, sowie es sich für eine Nation von mehr als 40 Millionen Menschen geziemt.

Wir Deutsche sollen nun einmal nichts als eine zerstreute Heerde Schafe sein, damit es dem französischen Wolfe zu jeder Zeit, wenn er's gelegen findet, möglich sei, in dieser Heerde seinen Hunger zu stillen. Schon lange schaut er aus nach so einem fetten Brocken, der ihm gar sehr in die Augen sticht und der die Rheinlande heißt; ein paarmal hat er ihn auch schon geholt, er ist ihm aber immer wieder abgejagt worden; jetzt aber erhebt er ein großes Geheul, denn er merkt, die Deutschen sind nimmer ganz die verirrte Schafheerde und sein beabsichtigter Raub könnte gar in den Brunnen fallen. Als sich im Jahre 1866 die Deutschen die Köpfe blutig hauten, da stand er schadenfroh dabei und witterte seine Beute, streckte auch schon die Tatze aus nach der schönen Rheinpfalz und Rheinhessen, aber Preußen hat ihm nicht den Gefallen gethan, sich schlagen und ihm die Beute auffressen zu lassen. Seitdem das wüthende Geheul auf Preußen, das natürlich allen Deutschen gilt. Dieses französische Raubthier hat auch zu verschiedenen Zeiten die Gestalt eines Fuchses angenommen und als solcher sich unter die Deutschen einge= schlichen, sie auf einander gehetzt und sich als ihren besten Freund aus= gegeben, und wenn das dumme Volk sich von seinen Ränken narren ließ und tapfer auf einander loshieb, dann fuhr das Füchslein schnell wieder in seine Wolfshaut, kam, machte den Schiedsrichter, und nahm das beste Stück mit sich fort. Freilich wenn wir es beim Licht betrachten, ist uns nur Recht geschehen, wenn uns der Erbfeind jederzeit bestahl und uns mit Füßen trat; warum hielten wir nicht zusammen, wie es sich für ein Volk von der gleichen Familie gehört und wenn wir uns auch abstritten, wie das manchmal in Familien vorkommt, warum ließen wir uns von den giftigen Nachbarn Lug und Trug vormachen und halfen ihnen selbst noch unser eigenes Land stehlen? Ja das haben wir gethan seit vielen Jahrhunderten und wenn ihr sagt: das waren ja blos die Fürsten, so habt ihr wohl Recht, aber ganz schuldlos ist das Volk nie bei den Verbrechen, die seine Fürsten begehen, denn ohne Helfer hätten die Fürsten bald ausgespielt. Sehen wir uns einmal um, so ein paar Jahrhundert zurück, was die Herren Franzosen, die heute wieder so nach dem schönen Rheinstrom schreien, als hätten wir denselben ihnen gestohlen, wie sie ihn uns stehlen wollen, uns schon alles durch ihren Trug und Tücken durch ihre Wolfsart entrissen und wie sie unser Volk auf's Grausamste gemartert haben, wie es von ihren Füßen zertreten ward, daß ihm die Eingeweide aus dem Leibe hingen und sehen wir auch, wodurch es den gallischen Wölfen möglich wurde, so in unserem Vaterlande zu hausen.

Deutschland war einst ein großes, mächtiges Reich, vor dem sich alle Völker in Ehrfurcht neigten. Die Deutschen waren ein wehrbares Volk, hatten schöne Städte mit herrlichen Bauwerken und reichen Schätzen, fuhren mit ihren Schiffen auf allen Meeren und brachten die Reichthümer fremder Erdtheile heim. Aber dieses Glück der deutschen Nation weckte mächtige Feinde und Neider. Der Papst sah scheel auf Deutschland und stiftete vielfache Wirren an und der Adel suchte sich immer unabhängiger vom Kaiser zu machen und die Einheit des Reiches zu zerstören, denn er wollte Landesherr werden, um unumschränkt über das deutsche Volk zu herrschen. Nach und nach gelang ihm auch seine Revolution, und während in anderen Staaten, besonders in Frankreich, viele kleine Gebiete in ein großes Reich vereinigt wurden, so wurde umgekehrt in Deutschland die Reichseinheit immer mehr untergraben; die Vasallen des Reiches rissen die Reichsgüter und die Rechte des Kaisers nach und nach an sich und so entstanden diese souveränen Fürsten und das mächtige große Deutschland zerfiel in lauter kleine ohnmächtige Gebiete, und mit der Macht und der Herrlichkeit unseres einst so angesehenen Vaterlandes war es vorbei. Die Franzosen merkten nicht so bald diesen Verfall, als sie mit ihren Anmaßungen, die sie immer nur gegen Schwache zeigen, herausrückten, allerlei unverschämte Ansprüche auf deutsche Lande erhoben, sich hinter die Fürsten steckten sie aufeinander und gegen den Kaiser hetzten, um dann, wenn es in Deutschland gehörig durch einander ging, im Trüben zu fischen. Denn das sahen sie wohl ein, daß sie, wenn die Deutschen zusammenhielten, gar jämmerlich heimgeschickt würden.

Aber die pfiffigen Franzosen hatten gar gut gerechnet, wenn sie sich hinter die deutschen Fürsten steckten. Die waren, sobald sie einmal Deutschland zerrissen hatten, sehr gerne bereit, Stücke davon an den wälschen Feind abzulassen, wenn er ihnen versprach, auch ihre Habsucht zu fördern.

So trug es sich schon vor 300 Jahren zu, daß die schönsten deutschen Städte, die bedeutendste Grenzfestung und die alten prächtigen Kaisersitze Metz, Tul und Verdun durch schändliche List an die Franzosen fielen.

Von da ab wurde das französische Raubgelüste auf deutsches Land immer heftiger und leider sollte ein für unser armes Vaterland schreckliches Ereigniß den französischen Raubthieren eine allzu günstige Gelegenheit zur Beute geben; das war der dreißigjährige Krieg.

Ein Krieg von 30 Jahren! Begreift ihr, was das ist, wenn Menschen sich 30 Jahre lang morden mit der Wuth von Bestien und dem grausigen Scharfsinn vernunftbegabter Wesen! Ein Krieg, angeblich für die Religion geführt, in dem die Menschen wie Teufel rasten und nicht nur die Außendinge der Religion vergaßen, sondern mit Gott selbst frechen Spott trieben.

„Ich will einen Brand machen, daß die Engel im Himmel die Füße an sich ziehen sollen," solche Reden führten die Heerführer und es war ein solcher Brand, daß die Engel wenn nicht die Füße an sich ziehen, so doch weinen mußten über den Jammer und die Bosheit der Menschen. Städte und Dörfer gingen in Feuer auf, blühende Gegenden wurden Einöden, die Einwohner ganzer Ortschaften waren in beständigem Fliehen vor den hin- und herziehenden Mordschaaren, wie verfolgtes Wild vor der wüthenden Meute. Hungersnoth und Pest folgte den Heeren und tödtete was der Mordlust der teuflischen Schaaren entgangen war.

Aber trotz dieses unermeßlichen Elends hinderten die Franzosen immer wieder die Friedensunterhandlungen, die verschiedene Male von den protestantischen Fürsten und dem Kaiser geführt wurden. Deutschland mußte noch mehr zu Grunde gerichtet werden, damit die Herren Franzosen ihre Räubereien ungehindert ausführen und das deutsche Land jenseits des Rheins an sich reißen konnten. Es wäre unglaublich, daß es Menschen geben kann, die an so unaussprechlichem Jammer ihre Freude haben und trachten können ihn zu verlängern, wenn wir den Beweis nicht hätten. Aber die Franzosen rühmten sich selbst der niederträchtigen Schliche, die sie anwendeten, um die Kriegsnoth zu verlängern: „Das Geschick der Unterhändler bei diesem Congreß", prahlten sie „bestand darin, nicht einen vortheilhaften Vertrag abzuschließen, sondern den Abschluß geschickt hinauszuschieben und das Gehässige der Verschleppung auf die Gegner zu wälzen. Es mußten Gründe ausgedacht werden, um alle Vorschläge zu verwerfen und Anträge gebracht werden, die nicht angenommen werden konnten. Es mußte großer Eifer, abzuschließen gezeigt und doch der Abschluß verzögert werden, indem man alle Schuld den Gegnern aufbürdete". Damit ist die französische Politik wie sie von jeher war und noch ist andern Völkern und besonders den Deutschen gegenüber trefflich gezeichnet. Wohl war die Einsicht vorhanden, wohin Deutschland auf diesem Wege komme. Der Herzog von Sachsen erklärte auf einer Versammlung der protestant. Fürsten: „Die Rettung unsers Volkes und die Vorbereitung einer besseren Zukunft ist nur durch die Einigung der Deutschen selbst, nur durch aufrichtiges Anschließen an die Reichsverfassung möglich". — Aber die arglistigen Franzosen sahen mit Wuth auf jede Spur von deutschem National= und Ehrgefühl und schürten mit doppeltem Eifer die Zwietracht. Als endlich Deutschland eine Wüste war und zwei Drittel seiner Bewohner verloren hatte, wurde der Friede geschlossen und Frankreich verlangte und erhielt das Elsaß, Breisach, den Sundgau, Hagenau, die schönsten deutschen Länder, die allein einem Königreiche gleich kamen.

Der rheinische Bund &c. &c.

Die deutsche Beute hatte den Appetit der Franzosen nach deutschem Land nur gereizt und um diesen zu befriedigen, wendeten sie sich wieder an die deutschen Fürsten, und diese, die geistlichen Churfürsten von Mainz und Köln, der Landgraf von Hessen, die Herzoge von Pfalz-Neuburg, von Pfalz-Zweibrücken und von Würtemberg schlossen 10 Jahre nach dem 30jährigen Krieg ein Bündniß mit Frankreich, das der rheinische Bund hieß und worin sich die Fürsten verpflichteten, das französische Interesse in Deutschland zu förbern und es selbst mit den Waffen gegen die übrigen deutschen Reichsstände zu verfechten. Die Franzosen halfen ihren deutschen Verbündeten dafür zur Bedrückung der Unterthanen und anderer Reichsglieder. In einem neuen Kriege Frankreichs mit Holland leisteten diese Fürsten wieder treffliche Dienste, was aber nicht hinderte, daß die Franzosen das Gebiet ihrer Verbündeten gräßlich verwüsteten. Bei dieser Gelegenheit rissen die Franzosen zehn Reichsstädte, die nach dem westphälischen Frieden ausdrücklich bei Deutschland verblieben, an sich. Ohne mit Deutschland im Kriege zu sein, fielen sie nach Räuberart in Franken und Schwaben ein und hausten in diesen Gegenden sowie in der Pfalz wie wilde Bestien, alles zerstörend, was das Volk seit dem 30jährigen Kriege wieder erworben hatte.

Auf die Vorstellungen und Bitten des Pfälzer Churfürsten erwiederten die französischen Generale mit dem den Franzosen im Glücke eigenen Uebermuth und Hohn, sie begriffen nicht, wie ein so kleiner Fürst ihrem großen König mit Klagen beschwerlich fallen könne.

Kaum war der Friede mit den Franzosen geschlossen, so fingen sie ihr Raubgeschäft in einer bisher ganz unerhörten Weise an. Der französische König errichtete Gerichtshöfe, die ihm eine Menge deutscher Besitzungen unter den erlogensten Vorwänden zusprechen mußten, worauf dann der saubere König über diese Gebiete herfiel und sie als sein Eigenthum erklärte. Ebenso überfiel er die Stadt Straßburg und machte sie halb durch Gewalt, halb durch List, indem er den Bischof Fürstenberg bestach, zu einer französischen Stadt.

Um völlig ungestört rauben zu können, hatte Frankreich sogar die Türken auf Deutschland gehetzt, die 1683 Wien mit einem Heere von 200,000 Mann belagerten und beinahe wäre diese Stadt in ihre Hände gefallen und sodann das Christenthum der Vernichtung durch die Muselmänner preisgegeben gewesen.

Noch hatten sich Deutschland und besonders die Grenzlande nicht von den Leiden, die sie durch die Franzosen erlitten, erholt, als diese

abermals 1688/89 ohne Kriegserklärung und zwar in einer Weise über
Deutschland herfielen, die alles übertraf, was sie früher an Grausam=
keit und Barbarei geleistet hatten. Sie verbrannten Heidelberg,
Mannheim, Speier, Worms, Frankenthal, Wachenheim, Neustadt und
alle Dörfer der Umgegend. Ehe sie Feuer anlegten, plünderten sie
und weideten sich dann an dem Jammer der obdachlosen Menschen, die
dem Tode durch Hunger und Kälte, es war mitten im Winter, preis=
gegeben waren. Diejenigen, welche retten und löschen wollten, wurden
niedergestoßen, häufig ausgezogen und nackt in den Schnee hinausge=
trieben. Ueberall lagen die Straßen voll getödteter und erfrorner
Menschen und auch mit den Leichen trieb das französische Gesindel
frechen Spott.

Denn die Franzosen, wenn sie die Deutschen unter sich kriegen,
begnügen sich nicht allein damit, sie mit Grausamkeit zu behandeln, sie
fügen zu ihrer Bestialität auch noch teuflischen Hohn. Die ganze
herrliche Pfalz sollte zur Wüste werden, keine menschliche Wohnung,
keine Spur von bebautem Boden sollte übrig bleiben; so hatte es der
König des Volkes beschlossen, das immer damit prahlt, das gesittetste,
gebildetste und ehrenreichste der ganzen Welt zu sein und das so ent=
setzlich empfindlich ist, daß es jedes ungerade Wort, wenn es von
Schwächeren kommt, gleich in Kriegsharnisch bringt. Es wurden also
die prächtigen Gärten, die Weinberge der Pfalz gänzlich verwüstet, die
Pflanzungen ausgerissen. Die werthvollen Kunstdenkmäler Deutschlands,
wie das berühmte Heidelberger Schloß und der Speierer Dom, den
unsere großen Kaiser im 11. Jahrhundert gebaut hatten, wurden zer=
stört. Selbst die Grüfte in diesem Dome rissen die Franzosen auf
und trieben mit den todten Kaisern der Deutschen ihren Spott. Als
die Pfalz eine Wüste war, ging es über Baden und die Länder der
rheinischen Fürstbischöfe, der steten Verbündeten der Franzosen her.
Die Bauern wurden gezwungen, ihr eigenes Getreide unterzupflügen
und wo die Franzosen vorüberzogen, bedeckten Leichen und Schutthaufen
den Boden.

Bald nachdem durch einen Friedenschluß der größte Theil des
Raubes an Deutschland den Franzosen rechtskräftig überlassen war,
brach auf's Neue ein Krieg aus. Es betraf diesmal den Streit Oester=
reichs und Frankreichs um die Erbschaft Spaniens.

Auch in diesem Kriege hatte Deutschland wieder die Zeche zu

zahlen; Frankreich machte es nämlich wie immer; es vertrug sich mit
selten andern Feinden, um ungehindert Deutschland berauben zu können
und die deutschen Fürsten kümmerten sich nicht darum. Selbst der Habs=
burger verrieth Deutschland. Für die Anerkennung der weiblichen Erb=
folge in den österreichischen Staaten trat er Lothringen an einen fran=
zösischen Schützling, später an Frankreich ab. So hatte dieses beide
deutsche Grenzlande und trachtete fortan auch nach den übrigen Rhein=
landen, indem es bald Gaunerkünste, bald Raubanfälle in Anwen=
dung brachte.

Zwanzig Jahre Krieg in Deutschland.

Zur Zeit der französischen Revolution hatten sich Oesterreich und
Preußen in die inneren Verhältnisse Frankreichs gemischt und den Fran=
zosen Vorschriften machen wollen, so wie diese es seit Jahrhunderten
und eben wieder bei uns thun. Die Franzosen sagten aber, daß sie
Herr im eigenen Hause seien, und erklärten sogleich den Krieg (1792);
denn obgleich Frankreich damals in Revolution begriffen war und viele
Parteien einander bekämpften, so waren sie doch gegen Außen ganz einig.

Die Franzosen beschränkten aber den Krieg nicht auf Oesterreich
und Preußen, sondern fielen über all' die kleinen Länder und freien
Städte am Rhein her und gaben vor, das Volk zu befreien, indem
sie überall ausriefen: „Krieg den Pallästen und Friede den Hütten!"
Das war aber nur eine Lüge, wie alle ihre Versprechungen von
jeher waren, denn nachdem sie die Palläste ausgeraubt hatten, stahlen
sie auch in den Hütten und quälten den armen Mann auf's Blut.
Es zeigte sich, daß die republikanischen Franzosen dieselben waren, wie
früher die königlichen und später die kaiserlichen. Sie brauchten
Geld, Nahrung, Kleidung, und das mußten ihnen die Deutschen lie=
fern, und noch dazu ihre Gewaltthaten, ihre Ausgelassenheiten und
Schlemmerei, ihre entsetzliche Sittenlosigkeit, die ihre Rohheit noch über=
traf, ertragen.

Nachdem sie die deutschen Länder, mit denen sie doch gar nicht
im Kriege waren, ausgeraubt hatten, machten sie dieselben französisch.
Wie sie aber abgefeimte Heuchler sind, so bemäntelten sie ihr Unrecht

damit, daß sie die Leute abstimmen ließen und das machten sie so: In den Kirchen wurden französische Adressen, in denen um Anschluß an Frankreich gebeten ward, vorgelesen und die Leute, die gar nicht französisch verstanden, mußten unterschreiben. Daneben standen Soldaten, so daß es Niemand wagen durfte, seine Unterschrift zu verweigern. Das war die Freiheit, die uns die Franzosen brachten.

Die öffentlichen und Stiftungskassen, die Magazine wurden ausgeleert, die Kirchengüter verkauft und die Gemeinden mußten Kleider, Pferde, Wagen, Holz und Lebensmittel liefern, alle möglichen Dienste leisten und schwere Einquartirung tragen, Contributionen zahlen, die Schlemmereien der Generale unterhalten und außer diesen Erpressungen schafften die Herren Franzosen im Namen der französischen Republik noch fort, was ihnen gefiel. Nichts war vor ihnen niet- und nagelfest genug; sogar die 38 marmornen Säulen aus dem Aachner Dom brachen sie aus und schleppten sie nach Paris. Einer, der diese französische Landplage mit erlebt hat, sagt: „Beutelschneider sind die höheren, Beutelschneider die niederen Beamten, Beutelschneider die Offiziere und Beutelschneider die Civilbehörden."

In vielen Orten konnten aus Mangel an Saatkorn und Zugvieh die Felder nicht mehr bestellt werden. Die Einwohner mußten alle Waffen abliefern und sogar angeben, wie viel Wein sie im Keller hätten. Aber was noch ärger als alle diese Räubereien, das war der schändliche Betrug, den die Franzosen mit ihrem Papiergeld trieben. Sie hatten in der Revolution sogenannte Assignaten gemacht, ein Papier, das gar keinen Werth hatte. In Frankreich selbst nahm es nach den ersten Revolutionsjahren Niemand mehr an, aber bei uns mußte es als baar Geld gehen. Wer es nicht nehmen wollte, der wurde vor ein Kriegsgericht gestellt und als ein Feind des französischen Volkes bestraft.

Da nun Niemand mehr verkaufen wollte, so erschien ein Befehl, nach welchem jeder Kaufmann als Rebell bestraft werden sollte, der seinen Laden nicht offen hielt. Auch durfte Niemand den Preis seiner Waare höher stellen als die Franzosen selbst bestimmt hatten. Auch die öffentlichen Kassen mußten ihr Geld gegen diese Papierfetzen auswechseln. So war in kurzer Zeit am ganzen Rhein, wo die Franzosen hausten, nichts anderes mehr in den Händen der Bevölkerung, als solch' werthloses Papier. Als dann die Franzosen alles gute Geld

hatten, hoben fie den Zwangscours ihres Papieres auf. Diese groß=
artige Beutelschneiderei, die die französische Nation bei uns trieb, ver=
ursachte der deutschen Bevölkerung einen Verlust, der gar nicht zu be=
rechnen ist.

Nun wollen wir aber doch einen Blick werfen auf die großpral=
lerischen und lügenhaften Reden, welche die Franzosen an die Deutschen
richteten, als sie im Jahre 1794 die Rheinlande besetzten. Sie er=
ließen folgenden Aufruf:

„Die erste, die großmüthigste (!) Nation der Erde, nach=
dem sie euer Land mit ihrem Blute erobert und die schrecklichen Rechte
des Siegers gegen euch geltend machen konnte, umarmt euch brüderlich.
Wir alle haben uns geschworen, die Rechte der Menschen zu schützen,
alle und jede Art von Unterdrückung und Vorzug zu vertilgen und die
Gleichheit des Rechtes und des Gesetzes für alle Klassen vom Pallaste
bis zur Schäferhütte festzustellen.

„Streng und unbestechlich werden wir über die pünktlichste Be=
folgung der Gesetze wachen und insbesondere auch über die,
welche den freien Umlauf der Assignaten sichern. Wir
wissen es, Mitbürger, daß elende Wucherer und Betrüger sich bemühen,
euch gegen diese Münze der Freiheit aufzuwiegeln. Wir wissen auch,
daß Manche verblendet genug sind, an die Möglichkeit zu glauben, die
französische Nation werde einmal ihre Münze vernichten. Trauet solchen
Verräthern nicht! Sollten sich aber Frevler finden, welche diese National=
münze nicht annehmen wollten, so wird das Criminalgesetz und das
Revolutionsgericht schrecklich mit dem Schuldigen verfahren.“ —

Kann eine Nation brutaler und nichtswürdiger handeln?

Im Jahre 1796 waren die Franzosen auf ihrem Plünderungs=
zuge bis nach Schwaben und Franken und in die obere Pfalz gedrun=
gen und hausten dort ähnlich wie die Mordbrennerbanden des 30jäh=
rigen Krieges. Aber statt der Aufzählung von Geld= und anderen
Erpressungen lassen wir von einem Augenzeugen, dem Grafen Soben,
einige von den vielen Gewaltthaten und Grausamkeiten der Franzosen
in Franken erzählen: „Die Zahl der Unmenschlichkeiten, der Mißhand=
lungen, die Züge einer mehr als viehischen Raubgierde einer durchaus
alle menschliche Empfindung empörenden Ausschweifung und Gewalt=
thätigkeit ist so groß, daß der Geschichtschreiber Mühe hat, sie zu=

sammen zu fassen, ohne durch Wiederholung so oft erneuerter Scenen zu ermüden.

„Das in seinen Wirkungen ausgebreitetste Laster war die Raub=sucht. Die Proklamationen des französischen Befehlshabers versprachen: „Eure Besitzungen werden nicht angegriffen werden" und der größte Theil der Schlösser und Dörfer, die die französischen Truppen berührten, wurden rein ausgeplündert. Schränke, wenn sie nicht offen standen, wurden, ohne daß man nur vorher die Schlüssel verlangte, zusammen gehauen, die Thüren verschlossener Wohnungen mit Flintenkolben ein=gestoßen. Insbesondere waren sie nächst dem Geld gierig auf Uhren, Kleidungsstücke und Gewehre.

„Im Bambergischen und Würzburgischen, Nürnbergischen und Ritter=schaftlichen wurden viele Beamte und Landleute bis auf's Hemd, ja zum Theil nackend ausgezogen und auf das schrecklichste mißhandelt. Sie warfen Männer und Weiber öffentlich nieder, zogen sie größten=theils aus, durchsuchten ihre Taschen und nahmen alles, was sie fanden, so gering auch die Kleinigkeit war.

„Auch die tiefste Armuth war diesen Soldaten, welche Friede den Hütten zugesagt und sich zum Beschützer der Dürftigkeit erklärt hatten, nicht heilig. So wurde in der Gegend von Zimmerau sogar ein öf=fentlicher Bettler angefallen und sein Zwergsack, in dem sich einige Stücke Brod und einige Groschen befanden, geplündert. Einer meiner Unterthanen, Namens Rienecker, ein Greis von 93 Jahren, der wegen Alters= und körperlicher Gebrechen im Bette lag, hatte seinen ganzen kleinen Reichthum, der aus 27 Gulden bestand, im Geheimen in die Lumpen gehüllt, die um seinen wunden Fuß geschlungen waren. Sein Alter, sein Zustand, rührte diese Ungeheuer nicht; sie warfen den hülf=losen Greis aus dem Bette, durchsuchten die Lumpen, fanden das Geld, nahmen es und ließen ihn hülflos liegen, nachdem sie ihn vorher — — doch meine Feder versagt mir den Dienst, und der Genius der Menschheit winkt mir zu schweigen.

„Ueber alle Beschreibung groß war ihr Scharfblick in Entdeckung des Verborgenen. Nichts entging ihnen; sie durchsuchten bei Tag und bei Nacht mit eigens dazu eingerichteten Wachsstöcken, mit denen jeder dieser Räuber versehen war, alle Winkel der Wohnungen, vom Dach=giebel bis zum Keller. Auch waren sie, vorzüglich die Freiwilligen, förmlich mit Brecheisen, Hebeln und anderen Diebsinstrumenten aus=

gerüstet. Aber nicht allein die Wohnungen, auch die Felder und
Gärten wurden auf's Genaueste durchsucht und allenthalben stachen sie
mit ihren Bajonnetten umher. Sie bedienten sich allerlei Mittel, um
das Verborgene in Kellern und auf Feldern zu entdecken, indem sie
z. B. auf eine ihnen locker scheinende Stelle Wasser gossen, Bleikugeln
warfen u. s. w. Ein Bauer aus dem Bambergischen Dorfe Seußling
hatte seine besten Sachen in einem entfernten Acker vergraben, ackerte
darüber hin, pflanzte Rüben darauf; die Franzosen fanden den Platz
und holten die Waaren. Schafe, Schweine, Kälber und Rindvieh
wurden weggenommen, niedergestochen, größtentheils weggeworfen und
verschleudert.

„Wer nur irgend den Schein des Wohlstandes hatte, wurde bis
auf den Tod gemartert, um mehr und mehr herbeizuschaffen.

„Der scheußlichste Zug der unter dem französischen Heere befind-
lichen Räuberhorde war ihre Neigung zum Verwüsten. Die Summe
dessen, was sie verwüsteten, des Weins, Branntweins, Biers, das sie
in die Keller laufen ließen, des Brods, Mehls, Fleisches, das sie
muthwillig verdarben, ist weit größer als das, was sie genossen. Sie
ließen z. B. ihren Unrath in Mehlfässer laufen, und rührten es wohl
noch herum, um es ganz unbrauchbar zu machen!

„Die angesehensten Männer, Staatsdiener, Geistliche, wurden
mit Schlägen mißhandelt, oder um der nichtswürdigsten Ursachen willen
alle Augenblicke mit gezogenem Säbel oder dem Pistol auf der Brust
bedroht, mehrere ermordet. So wurde z. B. ein Einwohner in Hirscheid
erschossen, weil er nicht mehr Geld herbeischaffen konnte; aus gleicher
Ursache wurde der Schloßbauer zu Reicheneck erschossen, ebenso ein nürn-
berger Mühlknecht, weil er von den unmenschlichen Mißhandlungen zur
Verzweiflung getrieben, seine Pferde verließ. Im Baunachgrunde kamen
einige Chasseurs an die einzelne Wohnung eines alten, ehrlichen Revier-
jägers. Der gute Greis bewirthet sie so gut er es vermag. Sie verlangen Geld. Er gibt ihnen seine ganze Habe, etliche Gulden. Die
Chasseurs besehens, geben ihms zurück und reiten weiter. Aber bald
darauf erscheint ein Haufen Fußvolk, erbricht Thüren, Schränke u. s. w.
plündert und raubt alles. Der gute Alte fleht um Schonung; ein Bube
von höchstens 15 Jahren stößt ihm dafür das Bajonnett in die Brust.

„Wenn die Mißhandelten in ihrem Hilfsgeschrei den, auch den
wildesten Nationen heiligen Namen Gottes ausriefen, antworteten sie

läfternd: „Was Gott? Wir find Gott!" Einmal erklärte ein General öffentlich an einer großen Tafel: „Ich will nun auf eine andere Art Krieg führen; einen Mordbrenner vorausschicken und alle Dörfer anzünden, jedem Beamten 50 — aufzählen laffen, unter diefer Erleuchtung weiter ziehen und wenn ein Gott im Himmel ist, fo wird er in die Hände klatschen und rufen: „Bravo, meine Herrn Franzofen!"

Graf Soden erzählt noch viele Fälle fcheußlicher Mißhandlung und führt dann fort: „Indeß ift noch das Verabfcheuungswürdigfte aller Lafter zurück, die mehr als viehische Behandlung des weiblichen Gefchlechts. Auf dem flachen Lande war alles, was nicht flüchten oder fich verbergen konnte, ihrer thierischen Wolluft preis. Selbft Alter und Gebrechlichkeit entwaffnete ihren Inftinkt nicht; Weiber von 60—70 Jahren, die längft auf Krücken gingen, Kranke, Schwangere, wurden nicht von Einem, fondern von Mehreren, von Vielen — denn das war allgemein der Fall, und darin fuchten diefe gänzlich verwilderten Ungeheuer eine eigene Gattung von Vergnügen — gewaltfam mißhandelt. Kinder entgingen ihrer Wuth nicht. Weiber wurden im Angefichte ihrer Ehemänner, Töchter im Angefichte ihrer Eltern gefchändet. Vorzüglich nach einem Treffen war es herzerschütternd, diefe bedauernswürdigen Schlachtopfer in der furchtbaren Stille der Nacht vergebens nach Hilfe fchreien zu hören. Mehrere weibliche Geschöpfe gaben unter jenen Mißhandlungen den Geift auf, man fand ihre Leichen auf den Straßen und in den Waldungen. Doch übergehen wir die Einzelheiten diefer franzöfifchen Beftialität".

Mit dem Schmerze der Geplünderten und Gequälten trieben dann diefe Beftien noch den ausgelaffenbften Spott. Als fie den Landleuten ihre Glocken und ihr Vieh nahmen, ließen fie Valet läuten und riefen den Jammernden zu: „Weinet nicht; wenn eure Töchter die Scherze unferer Nationalgarden werden kennen lernen, werden fie euch fchon Milch geben." Und das nennt fich die gebildete Nation und hat doch ganz die Aufführung von Kannibalen.

Bisher war nur von den Graufamkeiten und den Räubereien die Rede, welche die franzöfifchen Soldaten auf eigene Fauft trieben, aber noch nicht von den Contributionen und Requifitionen, welche die Armeecommiffäre im Großen auferlegten fowohl für die Armee wie zur perfönlichen Bereicherung. Graf Soden kann hier nicht genug fagen von der fchändlichen Habfucht diefer franzöfifchen Beamten, von

ben unglaublichen Forberungen, die sie machten und die den Privat=
wohlstand von ganz Franken auf lange Jahre verschlang. Dieselben
Orte wurden unter verschiebenen Titeln mit doppelten und dreifachen
Requisitionen belegt.

Unglücklicherweise sicherten die Quittungen über erfüllte Requi=
sitionen nie für neue. Die Offiziere und Kommissäre waren in Er=
findungen und Forberungen unerschöpflich und ihr Begriff vom Kriegs=
recht so ausgebehnt, daß einst ein sonst braver Offizier einem Staats=
beamten auf dem Rathhause zu N— öffentlich zurief: „Wissen Sie,
daß Ihr Hemb mein ist, wenn ich es verlange?"

Solches geschah auf dem Hinzuge durch Franken; auf dem Rück=
zuge, wo die Franzosen verfolgt vor den Oesterreichern flohen, waren
wie der Augenzeuge berichtet, alle Schranken niedergerissen und die
Verwüstungen, Grausamkeiten und Ausschweifungen aller Art förmlich
organisirt. „Der Rückzug wurde durch aneinander hängende Flammen
brennender Dörfer erleuchtet. Morb, Nothzucht, allgemeine Plünderung
der Kirchen und der öffentlichen und Privatwohnungen, Grausamkeiten
aller Gattung, selbst da wo von keinem Wiberstand die Rebe war, an
friedlichen und wehrlosen Einwohnern mußte nothwendig den höchsten
Grad von Verzweiflung herbeiführen und den wüthenden Volkskrieg
organisiren. Als sich die zerstreuten Züge bes flüchtigen Heeres bem
Main=, Baunach= und Itzgrunbe nahten, fingen ganze Dorfschaften,
ganze Gegenben an, Sturm zu läuten, sich an einander zu schließen,
sich mit Sensen, Mistgabeln und anbern ländlichen Werkzeugen zu be=
waffnen und sich ohne Unterschied der Herrschaft, welcher sie angehörten,
in gesellschaftlichen Vertheidigungszustand zu setzen. Wo dann die
Franzosen sich bewaffneter Landleute bemächtigten, schleppten sie solche
weg und schossen sie nieder. Es heißt sogar, sie hätten den Bauern
vorher Nase und Ohren abgeschnitten und die Augen ausgestochen.
Ein furchtbares Uebel, das den Franzosen folgte, war eine verheerende
Viehseuche. Ohne eigenen Anspann, war alles Vieh der Stabt= und
Landbewohner unaufhörlich in ihrem Dienst. Es wurde auf 20, 30
und oft 70 Meilen Wegs mitgenommen. Die unvernünftige Art,
mit der sie das Vieh behandelten, ja ihm oft muthwillig Speise und
Trank versagten, bessen baraus folgende gänzliche Abmattung und
Entkräftung, und zwar gerade in der heißesten Jahreszeit, mußte endlich
jene ansteckende Seuche hervorbringen, die Franken an den Rand bes
Abgrundes stürzte."

Diese Erlebnisse schrieb der Graf Soden ein Jahr nach dem Ab=
zuge der Franzosen und meinte „die unglücklichen Franken hätten we=
nigstens den, traurigen Trost, daß die Franzosen in langer Zeit nicht
wiederkehren könnten, weil sie keinen Unterhalt mehr finden würden."
Doch sollte es dabei nicht bleiben, sondern ganz Deutschland noch volle
17 Jahre von den französischen Horden verwüstet und entvölkert werden,
denn so lange dauerte es, bis sich die Deutschen wenigstens zum Theil
einigten und die blut= und gelbdürstigen Räuber an ihre Grenzen zu=
rückjagten.

Es kam zuvor noch Napoleon, der die Franzosen auf den Gipfel
ihres Hochmuthsrausches führte. Er machte aus der Republik Frank=
reich ein Kaiserreich, aber die Franzosen blieben dieselben; hochmüthig,
übermüthig, frivol, raubsüchtig, grausam im Glücke. „Ruhm brauchen
die Franzosen, Befriedigung ihrer Eitelkeit wollen sie haben", sagt Na=
poleon, und sie fanden Beides auf unsere Kosten.

Fortgang des Krieges und der Leiden Deutschlands.

Schon das nächste Jahr 1797 war Deutschland wieder von den
Franzosen heimgesucht. Oesterreich hatte zwar einen Waffenstillstand
geschlossen, aber das hinderte die Franzosen durchaus nicht, ihre Raub=
züge im deutschen Westen fortzusetzen und überall Brandschatzungen zu
erheben. Ein General schrieb am rechten Rheinufer nur an baarem
Geld 4 Millionen Livres aus.

Unterdeß trat Oesterreich an Frankreich Belgien und die Rhein=
grenze ab und ließ sich von den Franzosen Benedig zusagen, sowie ihre
Hilfe zum Erwerb des Bisthums Salzburg und Bayerns bis zum Inn.
Dieß letztere kam freilich nicht zur Ausführung, denn schon im Jahre
darauf brach der Krieg auf's Neue aus. Die Franzosen traten mit
immer frecheren Forderungen hervor und indem sie jetzt schon Ansprüche
auf's rechtsrheinische Gebiet erhoben, sagten sie: „daß dies nicht aus
Vergrößerungssucht, sondern nur aus Sorge für ihre Ruhe und Sicher=
heit geschehe."

Im Jahre 1800 wurde Bayern und Schwaben gebrandschatzt
und von den Offizieren und Soldaten wie von Räuberbanden ausge=

2

stohlen. In dem ausgesogenen Lande hielten die Generale Tafel und machten Aufwand wie Könige.

Als der Friede zu Stande kam (Februar 1801 zu Lüneville) hatte Deutschland ein Gebiet von 1150 Quadratmeilen mit vierthalb Millionen Einwohnern an Frankreich verloren!

„Wenn Deutschland, so wie es ist, nicht wäre, müßte man es schaffen," sagte Napoleon Bonaparte und im französischen Interesse hatte er recht. An seiner Zerrissenheit ging Deutschland zu Grunde und Frankreich wurde groß.

Die Franzosen sahen mit tiefer Verachtung auf die Deutschen herab, und sie benützten die Erbärmlichkeit der deutschen Fürsten, um unser Land viele Jahre hindurch mit Schande und Elend zu bedecken.

Ueberfall Hannovers. Napoleon Bonaparte, Kaiser.

Der Verfall, die Schwäche Deutschlands und die Erbärmlichkeit derer, die an der Spitze des Volkes standen, machten die Franzosen immer frecher. Sie fielen im Mai 1803, mitten im Frieden über Hannover her, weil dessen Churfürst auch König von England war, beraubten durch Betrug und Vertragsbruch das Land seiner Vertheidigungsmittel und plünderten es aus. Nach mäßiger Berechnung erlitten die armen Hannoveraner in 26 Monaten einen Schaden von 40 Millionen Gulden. Als das ausgeraubte Land nichts mehr leisten konnte, übten die Franzosen ihre Beutelschneiderkunst an Hamburg, von dem sie unter der Form von Anleihen 3 Millionen Francs erpreßten, zugleich zeigten die Herrn Franzosen auf ihre nahe Armee, um gar keinen Versuch zur Weigerung aufkommen zu lassen. Diese Zeit, 1804, nahm Napoleon Bonaparte, der sich am geschicktesten erwiesen hatte, die Weltherrschergelüste der Franzosen durchzuführen und ihrer Eitelkeit zu schmeicheln, den Kaisertitel an. Er verlangte sogar, daß der Papst nach Paris komme, um ihn zu salben und der hl. Vater kam wirklich und salbte den Sohn der Revolution zum Kaiser. Fünf Jahre später ließ Napoleon den nämlichen Papst mitten in der Nacht durch seine Gensdarmen aufheben und als Gefangenen nach Frankreich abführen.

Der neue Kaiser hielt nun seinen Triumphzug in den Städten am Rhein, wo sich ehedem der Glanz der deutschen Kaiser und der deutschen Nation entfaltet hatte. Jetzt kamen die deutschen Fürsten, vornehmlich die aus Süddeutschland und legten sich dem französischen Emporkömmling zu Füßen. Sie wetteiferten in niederträchtiger Speichelleckerei und ließen sich jeden Schimpf gefallen. Ausgenommen die Churfürsten durften sie nicht einmal an Napoleons Tafel essen, sondern nur bei französischen Generalen. Damals wurden schon Verabredungen getroffen, um Süddeutschland ganz in französische Abhängigkeit zu bringen. Napoleon sprach von der „Nothwendigkeit einer dritten Macht in Deutschland, die unter französischem Schutze stehe und je nach Umständen gegen Oesterreich oder Preußen gebraucht werden könne." Wir werden sehen, wie viele deutsche Fürsten sich im französischen Dienste gegen das übrige Deutschland gebrauchen ließen.

Krieg von 1805. Rheinbund.

Bonaparte hatte sich auch zum Könige Italiens gemacht. Dieß führte im Jahre 1805 zu einem neuen Kriege mit Oesterreich. Napoleon hatte sich alle Mühe gegeben, Preußen zu einem Bündniß zu bewegen, aber umsonst. Hingegen schlossen Bayern, Würtemberg und Baden Schutz- und Trutzbündnisse mit Frankreich.

Als Napoleon in der würtembergischen Residenz anlangte und ihm der Churfürst sagte: „Aber wenn meine Landstände gegen die Allianz mit Ew. kaiserlichen Majestät sind," antwortete Napoleon: „Ihre Stände, bah, mit denen werden Sie, meines Beistandes sicher, wenig Federlesens machen." Für diesen Preis und einen Antheil an der deutschen Beute machte sich der Würtemberger gern zum Dienstmann Napoleons und versprach ihm 10,000 Mann zum Kampf gegen Oesterreich. So mußte also das Volk für den Vernichter seiner Rechte neben seinen größten Feinden kämpfen, damit die Jahreseinnahme seines despotischen Fürsten wachse.

Napoleon richtete dann folgende Worte an die bayerischen Truppen: „Ich schmeichle mir nach der ersten Schlacht euerm Fürsten und meinem Volke sagen zu können, daß ihr würdig seid, in den Reihen der großen Armee zu kämpfen!" Also erst würdig mußten die Bayern werden, mit diesen Mordbrennerbanden zu dienen, die das deutsche Vaterland so schrecklich verwüstet hatten. Und weiter sagte

er: „Ihr werdet dem Beispiele eurer Vorfahren folgen, die sich stets
die Unabhängigkeit und die politische Existenz bewahrten,
welche die ersten Güter der Nationen sind." Während er also sich
zum Herrn der Deutschen aufwarf, that er ihnen noch den Schimpf an,
von dem hohen Gute nationaler Unabhängigkeit in einer Weise zu
reden, als wenn die Deutschen es nie gekannt und kein Gefühl von
nationaler Ehre und Schande hätten.

Wir sehen, jetzt wie früher nahmen die Franzosen wieder die
deutsche Freiheit zum Vorwand, um Deutschland zu knechten und zu
berauben.

Oesterreich erlag den französischen und deutschen Angriffen; die
Franzosen drangen nach Wien, bekamen durch eine ihrer beliebten Kriegs-
listen die Stadt ohne Schwertstreich in ihre Gewalt und Oesterreich
nahm den Frieden an, so wie ihn die Franzosen, die in solchen Fällen nie
großmüthig sind, diktirten. Es verlor 1140 Quadratmeilen mit nahe
an 3 Millionen Einwohnern, mußte 40 Millionen Kriegskosten zahlen
und erlitt außerdem ungeheure Verluste durch die Brandschatzungen.

Nach der Besiegung Oesterreichs schmeichelte Napoleon seinen
Franzosen in folgender Weise: „Ihr Franzosen seid die oberherrschende
Macht geworden. Ihr seid die Lenker des Erdtheils. Ihr sprecht
allen Völkern das Recht. Ihr habt wie das leuchtende Gestirn, welches
die Erde erhellt, den Schauplatz im Centrum der politischen Bewe-
gungen eingenommen, um demselben eine heilsame Richtung zu geben."

Die deutschen Helfershelfer der Franzosen wurden nun mit dem
deutschen Raube ausgestattet. Bayern erhielt damals unter Anderm
Tyrol und Vorarlberg, die Markgrafschaft Burgau und die freie Reichs-
stadt Augsburg; Würtemberg ein halbes Dutzend Städte, etliche Graf-
schaften und eine Besitzung des Johanniter=Ordens. Also beim Krieg
ganz Unbetheiligte mußten die Handlanger der französischen Habsucht
bezahlen. Die Churfürsten von Bayern und Würtemberg wurden dann
auch vom neugebackenen Kaiser Napoleon zu Königen von Napoleons=
Gnaden gemacht mit „voller Souveränität und allen daraus fließenden
Rechten." Worin diese Souveränität bestand, werden wir sehen.

Die Länder, welche sich dem schmachvollen Bunde mit dem Erbfeinde hingegeben hatten, wurden nicht viel besser, wie Feindesland behandelt. Französische Truppen lagen in den deutschen Städten und erhoben unerschwingliche Contributionen. Als sich der König von Wür-

temberg über die Occupation beschwerte, warf man ihm vor, daß er
Napoleon alles verdanke und französische Offiziere mehr gälten, als
seine von den Franzosen geschenkte Königswürde. Als derselbe König
einst von Napoleon nach Würzburg berufen war, hatte der Marschall
Lannes das vom König bestellte Quartier bezogen. Da nun der kö-
nigliche Abjutant gegen diese Impertinenz Einsprache erhob, schrie ihn
der Franzose an: „Geht zum Teufel! Euer Herr ist nur ein König,
ich aber bin französischer Marschall!!" Diese Verachtung gegen die
Deutschen tritt besonders grell bei den gemeinen Soldaten hervor; nie
verkehrte ein Franzos mit seinen deutschen Waffengenossen, die er nur
als Vaterlandsverräther und als Gesindel, das erst durch die Franzosen
zu etwas kommen will, betrachtete.

Napoleon waren die Deutschen nur Kanonenfutter, die er immer
dahin stellte, wo er eine Lücke mit Menschenleichen ausstopfen wollte.
Wie er von seinen deutschen Hilfstruppen dachte, sagte er einmal einem
russischen Unterhändler: „Bah, wenn ihr fünf Russen verliert, verliere
ich nur einen Franzosen und vier Schweine" (nämlich Bayern und
Würtemberger u. s. w.)

Die Rheinbündler. Mord Palms.

Die neuen Souveräne von Napoleons Gnaden begannen ihre
Souveränetät damit, daß sie Raubzüge gegen die kleinern Landesherrn
innerhalb ihres Gebietes hielten, sowohl die geistlichen wie weltlichen.
Napoleon wies seine Generale an, alles was Bayern, Würtemberg und
Baden gegen diese kleinen Gebiete, (die ihm zu klein waren, um ihm zu
nützen, und Soldaten zu liefern) unternehmen würden, mit den Waffen zu
unterstützen. Sodann wurden die Verfassungen aufgehoben, „weil Souveränetät und ständische Einrichtungen miteinander unverträglich seien."
So wurde die Souveränetät nach innen gegen Deutschland und gegen
das Volk verstanden; anders freilich gestaltete sie sich Frankreich gegenüber, kläglich über alle Maßen. Vor allem mußten die Fürsten ihre
Souveränetät dazu benützen, deutsche Landestheile an Frankreich abzutreten.
So trat Bayern das bergische Gebiet ab, Baden Kehl u. s. w.

„Bis gegen Ende Mai wird das Schicksal des deutschen Reiches
bestimmt entschieden sein," hatte der französische Minister gesagt. Es

wurde in Paris eine deutsche Verfassung gemacht, so wie sie die
Franzosen brauchten. Diese Verfassung, die die gänzliche Auflösung
Deutschlands zum Zwecke hatte, hieß die Rheinbundsakte und wurde im
Juli 1806 von 16 Fürsten unterzeichnet, nämlich vom Könige von
Bayern, von Würtemberg, den Herzogen von Baden, Berg, Hessen-
Darmstadt und verschiedenen kleineren süddeutschen Fürsten. Sie sagten
sich darin vom deutschen Reiche, dem sie Treue geschworen hatten, los
und begaben sich durch diese vaterlandsverrätherische That unter die
Oberherrlichkeit Frankreichs.

Jetzt legte der deutsche Kaiser seine Krone nieder, denn Deutschland bestand ja nicht einmal mehr dem Namen nach. Einst das erste
Reich der Welt hatten es seine Fürsten durch ihre Habsucht glücklich
zu Grunde gerichtet, gerade wie die polnischen Großen Polen.

Der französische Kaiser war der Leiter des Bundes, ordnete die
Truppenrüstungen an und seinen Geboten hatten die Rheinbundsfürsten
unbedingten Gehorsam zu leisten. Sie durften mit keiner andern Macht,
nicht einmal mit einer deutschen, Verträge irgend welcher Art schließen
und wenn sie Verbindlichkeiten gegen andere Staaten eingegangen
hatten, mußten sie dieselben lösen oder abdanken. Man sieht, diese
„souveränen" Fürsten waren nicht mehr als Regierungspräsidenten
im Dienste Frankreichs, und ihre Landeskinder Sclaven, die von ihren
Landesherren zu allen Kriegen, welche die habgierigen und eitlen Franzosen in ganz Europa, besonders gegen Deutschland führten, als Schlachtvieh geliefert werden mußten.

Die Rheinbundsfürsten ließen sich mit der größten Unterwürfig-
keit ihre Knechtschaft gefallen, während sie sich gegen das geringste
Opfer für Deutschlands Einigung und zur Abhaltung der Feinde wie
gegen ein schreckliches Unrecht gesträubt hatten. Die Vernichtung Deutschlands hatte sie nicht abhalten können, mit ausländischen Mächten
Bündnisse zu schließen, jetzt durften sie nicht einmal mit Deutschen Verträge schließen, ohne von den Franzosen aus ihren Reichen gejagt zu
werden.

Wie erbärmlich es mit der Selbständigkeit in den Rheinbundsstaaten aussah, wie brutal die Franzosen dort als Herrn auftraten,
zeigte sich schon einen Monat nachdem die abtrünnigen Fürsten verkündet
hatten, daß sie sich durch den Rheinbund „in den Schutz desjenigen
Monarchen begeben hätten, dessen Absichten sich stets mit dem

wahren Interesse Deutschlands übereinstimmend gezeigt
haben."

Mußten sich doch diese Souveräne gefallen lassen, daß man ihre
besten friedlichen Unterthanen fortschleppte und der fürbittende Landes=
vater (denn so weit war's, daß er höchstens noch für seine Unterthanen
bitten durfte,) von französischen Generalen grob abgefertigt wurde,
wie solches dem König von Bayern widerfuhr, als er für das
Leben des völlig unschuldigen Buchhändlers Palm bat. Es war näm=
lich eine Schrift erschienen mit dem Titel: „Deutschland in seiner tiefen
Erniedrigung", worin die Gewaltthaten, welche die Franzosen in
Süddeutschland verübten, besonders ihre zügellose Aufführung in dem
verbündeten bayrischen Lande geschildert waren. „Man darf mit völ=
ligem Bestande der Wahrheit annehmen," hieß es darin, „daß Bayern
seit 6 Monaten durch die Franzosen eben so viel gelitten habe, als
wenn es viele Jahre hindurch eine Armee von 200,000 Mann bei
gewöhnlichem Solde unterhalten hätte." Dann schilderte die Schrift
die viehische Wollust der Franzosen, die Grausamkeit, mit der sie ihre
Wirthe mißhandelten, wenn ihnen die Speisen nicht köstlich genug
waren, mit der sie dem Bauer das letzte Stück Zugvieh, die letzte
Kuh genommen und Thränen und fußfälliges Bitten mit Hohngelächter
und Schlägen erwiedert hatten. Diese wahrheitsgetreue Darstellung
ihrer Großthaten erfüllte natürlich die Franzosen und ihren Napoleon
mit Wuth und da sie den Verfasser der Schrift nicht kannten, so sollte
der Buchhändler, durch dessen Geschäft dieselbe verschickt worden war,
ihre Rachsucht stillen. Es kümmerte sie dabei gar nicht, daß nach dem
Gesetze ein Buchhändler erst strafbar wird, wenn er eine verbotene
Schrift verbreitet und verboten war das Büchlein gar nicht. Ohne
also bei der bayrischen Regierung auch nur anzufragen, griffen sie den
Buchhändler Palm in Nürnberg, das eben bayrisch geworden war, auf,
rissen ihn aus den Armen seiner weinenden Frau und Kinder und
schleppten ihn nach Braunau, wo er vor ein sogenanntes Kriegsgericht
gestellt wurde. Dieses Kriegsgericht war aber nichts anderes, als eine
Versammlung gedungener Mörder obgleich sie nebenbei auch französische
Obersten waren, und das gerichtliche Verfahren nur französische Heuchelei,
denn die „Richter" hatten schon vorher von Napoleon den Befehl er=
halten, den schuldlosen Palm zum Tode zu verurtheilen.

Da half es freilich nichts, daß Palm vor diesen „Richtern" seine

Unschuld bewies. Die Franzosen wollten unter den Deutschen, wie man es mit einer Bande von Verbrechern thut, ein Beispiel statuiren und dazu wählten sie einen friedlichen Bürger des neuen Verbündeten, des Königs von Bayern, um den Rheinbündlern gleich im Anfange einzuschärfen, daß sie nichts anderes als Sclaven der Franzosen seien. Palm wurde also zum Tode verurtheilt und während der arme Mann dachte, daß er nun bald seine liebe Frau und seine Kinder wieder= sehen und sie von ihrer Angst befreien werde, wurde sein Kerker ge= öffnet und ihm statt der Freiheit das Todesurtheil verkündet. Schon drei Stunden später führten die Mörder ihr Opfer hinaus, und um ihm den Todesgang recht sauer zu machen und die Erniedrigung und Schmach der Deutschen recht deutlich zu zeigen, wurde er auf einen Ochsenkarren gebunden und von nebenhergehenden Sol= daten an Stricken gehalten. Die Franzosen lieben es, ihre Macht über Besiegte in solch eckelerregenden Schauspielen zu zeigen. Sagt doch der große Franzose Voltaire von seinen Landsleuten selbst: „Die Franzosen sind halb Tieger, halb Affen.“

Der Leichnam des Märtyrers sollte wie der eines Missethäters auf der Richtstätte eingescharrt werden. Doch der Magistrat Brau= nau's hatte dem Todengräber heimliche Weisung gegeben, ihn im Fried= hofe einzugraben. Das war das Vorspiel der Rheinbundsherrlichkeit. Solches muß jedes Volk über sich ergehen lassen, das sich mit den Feinden seiner Nation verbindet.

Der Krieg mit Preußen. Westphalen.

Oesterreich war besiegt, der Süden Deutschlands schlechter daran als eine französische Provinz, nun kam Norddeutschland an die Reihe. Preußen wollte im letzten Kriege Oesterreich zu Hilfe kommen; das wußte Napoleon. Er hatte den preußischen Gesandten, der ihm den Krieg ankünden sollte, so lange hinzuhalten verstanden, bis der ver= nichtende Schlag gegen Oesterreich geführt und Preußens Hilfe ver= spätet war. Aber jetzt sollte Preußen für dieses Unterfangen gezüchtigt werden. Durch Drohungen und Beleidigungen aller Art wußten es die Franzosen zum Friedensbrecher zu machen. Aber das herunterge=

kommene Land mit seiner Adelswirthschaft, seiner verrotteten Armee und einem schwachen unfähigen Könige fiel beim ersten Anprall der sieggeübten französischen Waffen zusammen und nun lag auch Nord-deutschland den Franzosen offen. Sie hausten dort wie ehemals in Schwaben und Franken, plünderten und verwüsteten überall. Es brauchten durchaus nicht preußische Städte zu sein; wo die Franzosen hinkamen, verübten sie ihre Gräuel. So in Lübeck, weil sich dorthin der preußische General Blücher zurückgezogen hatte und sich gegen die verfolgenden Franzosen vertheidigte. Als sie Herr geworden waren fielen sie über die friedlichen Einwohner her und verübten unaussprech-liche Scheußlichkeiten, Mord, Raub, Nothzucht. Frauen und Mädchen wurden bis zum Tode geschändet, sogar die Wahnsinnigen im Irren-hause. Um ihre Bestialität nach allen Seiten zu zeigen, führten diese Kannibalen in dem Jammer ringsher, unter den Leichen und den zum Wahnsinn Gequälten, Maskeraden auf, indem sie sich wie Affen auf-putzten mit gestohlenen Juwelen, mit Frauenkleidern, Kutten von Geist-lichen und dergleichen.

Was in einigen Monaten an Brandschatzung erhoben wurde, be-trug 159 Millionen Franken; die sonstigen Erpressungen und Räubereien sind unberechenbar. Ein Krieg in Deutschland war ja für die Fran-zosen immer ein Beutezug.

Oesterreich hatte Preußen der Wuth des Feindes überlassen. Mit russischer Hilfe setzte dieses den Kampf fort. Die Armee hatte sich bis in den äußersten Osten zurückgezogen und kämpfte dort mit verzweifeltem Muthe. Die Franzosen kamen in eine üble Lage. Da vergaßen sie ihren Uebermuth etwas und Napoleon trug dem Könige von Preußen mit schmeichelnden Worten Friede und Bündniß an. Doch wie früher lehnte dieser die französische Allianz ab und was auch die Fehler dieses Königs waren, so ist ihm diese ehrenhafte Stand-haftigkeit hoch anzuschlagen, wenn man die Niederträchtigkeit, das Kriechen vor den Franzosen im übrigen Deutschland sieht. Aber jetzt schloß Napoleon mit Rußland Friede und Freundschaft und der russische Kaiser verrieth die Bundestreue, die er Preußen geschworen hatte, so weit, daß er sich von Napoleon mit preußischem Gebiet beschenken ließ. So herrschten die Franzosen wieder, indem sie wie immer Zwietracht unter ihren Gegnern säeten. Die Franzosen und Russen waren jetzt gute Freunde, weil es galt, Deutschland zu zerreißen. Preußen wurden

von einem Gebiete mit 5570 Quadratmeilen und 9,743,000 Ein=
wohnern nur 2877 Quadratmeilen mit 4,938,000 Einwohnern gelassen.

Napoleon, der nur von den russischen Barbaren gesprochen hatte,
vereinigte sich jetzt dahin, mit diesen Barbaren die Welt zu theilen.
„Mit solchen Kriegern, wie sie sich so eben mörderisch bekämpften,
könnte man die Welt erobern und beherrschen," sagte er zum russischen
Kaiser. „Einigen wir uns und wir werden mitsammen das Größte
vollbringen, was die moderne Zeit kennt." Er gab sodann den Russen
Finnland preis und die Donauländer.

Als Napoleon nach diesem Siege wieder in Frankreich ankam,
wurde er vergöttert und seine Mutter mit der Gottesmutter verglichen.
In voller Senatssitzung sagte nämlich ein Graf Fabre: „Der Lebens=
keim, welchen die Mutter Napoleons in ihrem Schooße empfing, kann
nur ein Ausfluß des göttlichen Geistes gewesen sein." Auch der große
Haufe trieb ähnliche Abgötterei mit dem Manne, der es so gut ver=
stand, die französische Eitelkeit, Hab= und Herrschsucht zu befriedigen.

Unterdeß war auch der Churfürst von Sachsen in den Rheinbund
getreten und zum Könige von Napoleonsgnaden ernannt worden. Der
neue König mußte über seinem französischen Oberherrn sogleich 6000
Mann Soldaten und dann noch 20,000 als Rheinbundsmitglied stellen.
Zum Zwecke der allgemeinen Vertheidigung gegen die Franzosen hatte
er jede engere Vereinigung mit Preußen abgelehnt. Auch Weimar
und die andern sächsischen Herzogthümer mußten in den Rheinbund treten.

Nun wurde die Napoleon'sche Sippschaft mit preußischem und
anderem deutschen Lande ausgestattet. Schon 1806 war Murat, der
Schwager Napoleons, ein ehemaliger Kellner, zum Herzog von Berg
gemacht worden. Jetzt wurde für Napoleons jüngsten Bruder, Hiero=
nimus, aus verschiedenen Trümmern Deutschlands das Königreich West=
phalen zusammengeflickt, das 2 Millionen Einwohner zählte und aus
preußischen, hannoveranischen Provinzen, aus Braunschweig, Kurhessen
und andern kleinern Ländern bestand. Der neue König, dem jetzt
2,000000 Deutsche unterthan wurden, war ein Muster von Liederlich=
keit und Gemeinheit. Napoleon äußerte später selbst über ihn: „Hiero=
nimus war ein Verschwender, dessen Ausschweifungen schreiend gewesen
sind; er hatte sich der Liederlichkeit bis zum Eckel ergeben." Dieser
König war die größte Schmach, die Napoleon dem deutschen Volke
angethan hatte, er zeigte damit, wie sehr er die Deutschen verachtete.

Die Verschwendung, die Hieronimus mit den Einkünften des Landes trieb, die schamlose Ausgelassenheit, mit der er und die vielen französischen Abentheurer, Tänzerinnen und dgl., die er mitgebracht, sich in Lastern wälzten, machten die Residenz Kassel zu einem Pfuhle von Nichtswürdigkeit. Ein Beispiel von dem eckelhaften Uebermuthe dieses Menschen sind seine Bäder von rothem Wein und Fleischsuppe. Bei seinem Aufenthalte in Leipzig mußte die Stadt blos für die Vanille zum Weinbad 40 Thaler zahlen!

Diesem Hieronimus, der in Amerika eine junge Frau, die Tochter seines Wohlthäters, und ein Kind zurückgelassen hatte, gab der stolze, despotische König von Würtemberg seine Tochter zur Ehe, die nach göttlichem und menschlichem Rechte nichts anderes als ein Konkubinat sein konnte. Jetzt herrschten also die Franzosen, die Anfangs nur den Rhein verlangt hatten, schon in der Mitte Deutschlands; denn wenn Westphalen auch dem Namen nach selbstständig war, so war es in der That nur eine französische Provinz. Die Hälfte der Domänen nahm Napoleon, und außerdem mußte das Land für die französischen Kriege noch eine Steuer von 35 Millionen Fr. bezahlen und eine französische Armee unterhalten. Diese ungeheuren Forderungen und die liederliche Wirthschaft des Königs richteten die Einwohner zu Grund und stürzten das Land in den Bankerott. Die Klöster und Stifte wurden aufgehoben und deren Vermögen sowie das der Innungen und anderer Korporationen eingezogen. Die deutsche Sprache wurde durch die französische verdrängt und sogar die Schulen durch Franzosen überwacht. Die französische Polizei zählte 26000 S p i o n e, die sich in die Familien, in die Kerker eindrängten, sich für gute Freunde und Verfolgte ausgaben, um zu erforschen, ob niemand von den Franzosen etwas Uebles rede. Ja sogar die Kinder wurden über das Verhalten ihrer Eltern ausgeforscht und die Dienstboten bezahlt, um die Geheimnisse ihrer Dienstherrn zu erspähen! Uebrigens war dieses Spionirwesen nicht blos in Westphalen, sondern auch in den andern Rheinbundsstaaten. Und was das Schändlichste war, sogar Deutsche gaben sich zu dem infamen Geschäfte her, ihre Landsleute bei den Franzosen anzuschwärzen, ja in Bayern verdächtigte ein Baron Aretin in einer Schrift Münchner Gelehrte, als hätten sie eine Verschwörung gegen die Franzosen angestiftet, um sie der Wuth Napoleons, den er gleich den Pariser Senatoren vergötterte, preiszugeben.

Der Krieg vom Jahre 1809.

Im Jahre 1808 hatten die Franzosen Spanien, ein Land, mit dem sie befreundet waren, überfallen. Sie führten diesen Schurkenstreich aus, indem sie unter dem Vorwande Truppen nach Spanien schickten, daß diese nach Portugal bestimmt seien. Dann lockten sie die spanische Königsfamilie nach Frankreich und nahmen sie dort gefangen. Aber die Franzosen sollten jetzt erfahren, was es heißt, gegen eine Nation kämpfen, welche einig ist. Unzählige Franzosen und Deutsche, welche ihnen die Rheinbundsfürsten zur Unterdrückung der Spanier liefern mußten, verbluteten in diesem Kampfe. Auch Deutschland faßte jetzt neuen Muth, das heißt alle diejenigen Deutschen, welche nicht die Sclaven der Wälschen sein wollten und welchen die Errettung des Vaterlandes höher stand als selbst das Leben. Besonders in Preußen, das seit seinem Unglücke mit Hilfe ausgezeichneter Männer seine nichtswürdige Junker-wirthschaft abgeschüttelt und die Fesseln, welche den Bürger und Bauer einschnürten, zerbrochen hatte, regte sich der deutsche Geist und die Vaterlandsliebe mächtig und ebenso waren alle Gutgesinnten in Oester-reich entschlossen, das französische Joch, das auf ganz Europa lastete, abzuschütteln. Freilich zeigten sich auch jetzt wieder die bösen Früchte der deutschen Uneinigkeit. In Oesterreich sträubte man sich so lange gegen die preußischen Vorschläge zu gemeinsamem Handeln, bis es zu spät war. Die Seele der deutschen Erhebung war Stein, ein Reichs-ritter aus dem Nassau'schen, damals preußischer Minister, einer der besten deutschen Männer, die je gelebt. Ihn nun haßten und fürchteten die Franzosen am meisten, weil sie seine Vaterlandsliebe und sein Bestreben, ein einiges Deutschland zu schaffen, kannten. Deshalb suchte ihn Na-poleon zu beseitigen und er hatte die Frechheit, ihn, den Minister eines fremden Staates, in die Acht zu erklären. Das heißt, wo immer die Franzosen Stein finden würden, sollte er von ihnen als „Aufrührer" behandelt werden. Bei den Franzosen war nämlich jeder Deutsche, dem das deutsche Interesse mehr am Herzen lag, als das französische, ein Aufrührer. Stein mußte also flüchten und somit war der König von Preußen seiner besten Stütze beraubt und wieder seiner Schwäche überlassen, die im Frieden das einzige Heil sah. Das preußische Volk aber brannte, an dem Kampfe gegen Frankreich theilzunehmen; es bil-

bete Freischaaren und viele Offiziere traten als Gemeine in die öster=
reichische Armee.

Oesterreich stand zwar allein, aber trotzdem wäre es leicht mit
den Franzosen fertig geworden, wenn nicht Deutsche auf französischer
Seite gekämpft hätten. So aber hatten die Rheinbundsfürsten wieder
ihre Landeskinder den Franzosen zum Kampfe gegen Deutschland ge=
stellt. In bayerischen und würtembergischen Blättern wurde sogar der
deutsche Patriotismus und die Kampfesbegeisterung in Oesterreich von
dem Gesindel, das den Franzosen die Füße leckte, auf's frechste ver=
höhnt, die Auflehnung gegen dieselben Verbrechen und deutsche Gesin=
nung Wahnsinn genannt.

Die ersten Siege über die Oesterreicher bei Abensberg und Eck=
mühl hatte Napoleon nur den Bayern zu verdanken.

Diese rheinbündischen Hilfstruppen, durch langjährige Knechtung
und die Gewohnheit, verkauft zu werden, jedes nationalen Ehrgefühls
bar und an Schmach gewöhnt, fühlten gar nicht die Schande, daß sie
unter fremden Fahnen gegen die eigene Nation kämpften, und die
Bayern bildeten sich noch etwas ein, als Napoleon in ihrer Mitte sein
Hauptquartier aufschlug. So kam durch Deutsche die österreichische
Hauptstadt zum zweiten Male in die Gewalt der Franzosen.

Aber noch vor dem Ausbruche des Kampfes hatte sich Tyrol
frei gemacht. Das napoleonische Regiment, welches Bayern dort ein=
geführt hatte, erbitterte das Volk und es war entschlossen, der fran=
zösisch=bayerischen Wirthschaft ein Ende zu machen. Geleitet von An=
dreas Hofer, Speckbacher, dem Kapuziner Haspinger und Anderen brach
der Aufstand los. Mehl und Blut sollte auf den Bächen in die Thäler
hinabschwimmen, so war es verabredet, und auf das Zeichen strömten
bewaffnete Männer auf allen Wegen herbei und in wenigen Tagen
war das Land von seinen Feinden befreit.

Viertausend Franzosen und Bayern unter dem General Bisson,
einem der frechsten Diebe in der französischen Armee und Peiniger
Braunschweigs, streckten die Gewehre vor den Tyroler Bauern.

Nachdem ihr Land gesäubert war, gingen die Tyroler wieder
ihren Feldarbeiten nach, „als wäre kein Franzose oder Bayer mehr auf
der Welt." Aber jetzt kamen die Nachrichten von den Niederlagen der
österreichischen Armee und zugleich rückten die Bayern unter dem Kron=
prinzen Ludwig und Wrede wieder in Tyrol ein.

Die Wuth der Bayern kannte keine Grenzen. Mord an Wehr=
losen, scheußliche Mißhandlung von Greisen, Frauen, Kindern, Kirchen=
schändung, Brand bezeichnete ihren Weg. In dem blühenden Städtchen
Schwaz verübten sie Schandthaten, die der baierische Bericht selbst
„schrecklich“ nennt. Nur kurz sei gesagt, daß gewöhnlicher Mord noch
das mildeste war; 40 Personen, darunter Krüppel, Kranke, wurden
grausam zu Tode gemartert, schwangeren Frauen der Leib aufgeschlitzt,
fünf alte Männer wurden verbrannt, einer geschunden und in Stücke
zerhauen; mehr als hundert Frauen auf der Straße geschändet.
Dazwischen liefen die Soldaten mit Pechkränzen umher und legten die
Häuser in Brand.

Die Bayern wollten sich würdig zeigen, „in den Reihen der
großen Nation zu fechten“.

Was doch der gute deutsche Michel für treffliche Anlagen hat,
auf fremdes Kommando auch sogar ein reißendes Thier zu sein!
Es darf uns aber nicht wundern, wenn Menschen, die für die Feinde
ihres eigenen Volkes kämpfen müssen, jedes menschliche Gefühl ver=
lieren und zu Bestien werden.

Der österreichische General hatte das Land vor den Feinden ge=
räumt. Aber das Volk stand zusammen wie ein Mann. Hofer, der
Sandwirth, sendete wieder seine Laufzettel in alle Thäler, die Sturm=
glocken tönten, die Führer sammelten ihre Aufgebote; der kriegerische
Kapuziner Haspinger zog mit dem Kruzifix voran. Weiber sogar nahmen
die Waffen und zum zweiten Male wurden die Feinde auf denselben
Wegen zurückgejagt, die sie 14 Tage zuvor mit Schandthaten befleckt,
mit Leichen und Brandstätten besäet hatten.

Dieses Heldenvölklein hatte Napoleon „Räuber“ genannt und
befohlen, „daß jeder Bauer, der mit den Waffen gefangen
würde, erschossen, jedes Dorf oder Landgericht, in welchem ein
todter Soldat gefunden würde, in 24 Stunden verbrannt und
die Vornehmsten darin „an den nächsten Baum aufgehängt
werden.“ Alle Deutschen, welche ihr Vaterland vertheidigten und
sich nicht wollten ausplündern lassen, wurden von den Franzosen als
Räuber behandelt.

Wie in Tyrol machten sie es auch in Norddeutschland, wo zu
gleicher Zeit unter der Leitung mehrerer tapferen Männer, besonders
des großmüthigen Schill, der dabei den Heldentod starb, Erhebungen

gegen die Franzosen stattfanden. Nach den ruhmreichsten Kämpfen, in welchen so recht die Ueberlegenheit deutscher Männer über die französischen Horden zum Vorschein kam, erlagen endlich die braven Freiheitskämpfer der zehnfachen Uebermacht, und die den Franzosen in die Hände fielen, wurden erschossen oder auf den französischen Galeeren neben den ärgsten Verbrechern, dem Abschaum der Menschheit, angekettet. Großmuth gegen besiegte Feinde kennen die Franzosen nicht und ihr Racheburst ist um so größer, je edler die Besiegten sind und je mehr sie die allgemeine Bewunderung verdienen.

Das schöne Haupt des Helden Schill schnitten die Wälschen ab und schickten es dem Komödienkönig, dem lieberlichen Hieronymus, nach Westphalen, der mit seinen Buhldirnen die frechen Blicke weidete an dem Haupte des Mannes, dem auf seinen Heldenzügen das deutsche Volk in wahnsinniger Freude zugejauchzt, in anstaunender Liebe die Kleider und Waffen geküßt hatte.

Acht Tage vor der zweiten Befreiung Tirols hatten die Oesterreicher in der Nähe Wiens eine Schlacht gewonnen, die große Aspernschlacht. Ein unendlicher Jubel ging damals durch ganz Deutschland, mit Ausnahme der Rheinbundstaaten. Denn in München und Stuttgart hatte man ja vor Kurzem noch die Siege der Franzosen über die Deutschen durch Festbälle und Illumination gefeiert! Aber in den Gebieten regte sich's, die Napoleon jüngst ihrem rechtmäßigen Herrn genommen, ihrer Freiheit beraubt und den Rheinbundskönigen für das Blut ihrer Landeskinder, das er auf seinen Schlachtfeldern verspritzte, hingeworfen hatte. Im Frankenlande, in den fränkischen Bisthümern, in den Gebieten, die der Franzosenkönig in Würtemberg bekommen hatte, brach der Aufstand los. Aber Oesterreich hatte seinen Sieg nicht zu nützen verstanden. Umsonst war der Heldenmuth, mit dem der gemeine Mann gekämpft hatte, von Oben wurde Alles wieder verdorben. Man hätte die Franzosen vernichten können, und sie erwarteten es selbst nicht anders. Statt dessen ließ man ihnen Zeit, bis sie sich wieder erholt und zu neuem Angriff gerüstet hatten. Dann ergab man sich nach einer nicht einmal verlornen Schlacht und schloß schmachvoll Frieden. Ja, schmachvoll über Alles! Denn es wurde darin Tirol, das jetzt zum dritten Male siegreich aus dem Kampfe gegen fremde Uebermacht hervorgegangen war, geopfert, nachdem es sogar vom österreichischen Hofe noch zum Widerstand aufgefordert worden, als sein Preisgeben schon beschlossen war.

Auf den Kopf des treuen Hofer setzten die Franzosen einen Preis und ein Priester verrieth ihn. Dann wurde er nach Mantua geschleppt und dort erschossen. Der Kaiser, für den er dreimal Tyrol zurück= erobert, hat sich nicht für sein Leben verwendet. Zur selben Zeit, als auf dem Walle Mantuas französische Kugeln das treue Herz Hofer's durchbohrten, wurden in Wien Hochzeitsfeste gefeiert — der Kaiser von Oesterreich hatte seine Tochter dem Kaiser der Franzosen zum Weibe gegeben! Der Papst weigerte sich zwar, Napoleon's erste Ehe zu trennen, der Boden Oesterreichs starrte noch vom Blute der Erschlagenen, die Trauer des Volkes war groß, der Uebermuth, der Druck und die For= derungen der Franzosen unmäßig, und doch gab der stolze Habsburger sein Kind dem französischen Emporkömmling, dem Unterdrücker der Deutschen, zum Kebsweibe. So waren, mit Ausnahme des preußischen, die ersten Höfe Deutschlands mit der napoleonischen Sippschaft ver= bunden. Mit einem kleinen Theile der österreichischen Beute wurden die deutschen Helfershelfer, die Rheinbundfürsten, bezahlt dafür, daß sie ihre Landeskinder hergaben, um die eigenen Stammesbrüder zum Nutzen der Franzosen zu morden.

Elend in den Rheinbundsländern. Schalten und Walten Napoleons in und mit denselben. An= nexionen in Norddeutschland. Continentalsperre.

Nachdem der Krieg zu Ende war, wurde von den Franzosen und ihren Untervögten in Deutschland mit deutschem Land und Menschen herumgeworfen und geschachert, wie es Güterzertrümmerer mit Bauern= höfen und den dazu gehörigen Rind= und Schweineheerden thun. Oesterreichische Landeskinder wurden bayrisch, bayrische würtembergisch, würtembergische badisch u. s. w. Aber die Versprechungen, welche Napoleon den Rheinbundsfürsten gemacht hatte, wurden jetzt, nachdem sie geholfen, Frankreich auf den höchsten Gipfel der Macht zu heben, nicht gehalten. Bayern, dem versprochen war, es solle so groß gemacht werden, daß es Napoleons Hilfe nicht mehr bedürfe, mußte so viel abtreten, daß ihm von dem österreichischen Neuerwerb nur ein Gewinn von 300,000 Seelen blieb. Hingegen waren die Lasten und Verluste der Unterthanen ungeheuer.

Viele Tausende von Landessöhnen hatten ihr Leben auf den
Schlachtfeldern lassen müssen; den Franzosen mußte Bayern 30 Millionen
Kriegskostenbeitrag zahlen, den französischen Generalen große Schenk-
ungen machen, die Einquartierungslasten des durchziehenden französischen
Heeres tragen und für neuerworbene Gebiete, z. B. Regensburg be-
deutende Entschädigungen an die bisherigen Landesherrn bezahlen.

Bayern hatte jetzt 118 Millionen Schulden. Sogar für Ge-
schenke an französische Generale mußten 12 Millionen aufgenommen
werden! Dem Volk wurden die Papiere durch Zwangsanlehen aufge-
brungen und die Zinsen nicht mit Geld, sondern mit Kassenanweisungen
bezahlt, an welchen sogleich 20% verloren waren. Die Beamten
mußten monatelang auf Borg leben, weil sie keinen Gehalt bekamen,
und wenn er ihnen einmal ausbezahlt wurde, so war es in entwertheten
Papieren. Die geistlichen Güter wurden eingezogen, die heiligen Ge-
fäße und der Schmuck der Kirche verkauft; Steuern über Steuern erhoben, Malzaufschlag, erhöhte Zölle, Tabaksregie eingeführt, aber alles
konnte die Ansprüche der Franzosen nicht befriedigen.

Handel und Gewerbe lagen darnieder; die Güter wurden so ent-
werthet, daß man Bauernhöfe, die Tausende von Gulden werth waren,
um etliche hundert bekam; die Verarmung und das Elend des Volkes
nahmen einen schrecklichen Grad an und doch stand das Aergste noch
bevor, noch sollten Ströme Blutes fließen und Millionen geopfert
werden. Dies waren die Früchte, die das Volk von der französischen
Politik seiner Regierungen hatte, abgesehen von dem Druck der napoleonischen Willkürherrschaft, unter dem es schmachtete. Die Rheinbundsstaaten waren für die Franzosen nur dazu gut, um Geld und Soldaten
daraus zu ziehen. Das sagte Napoleon selbst.

Man hat eine Aufzeichnung von ihm, die er vor dem österreichischen Kriege vom Jahre 1809 niedergeschrieben hatte und worin er
sagt: „Das Fürstenthum Bayreuth will ich gerne an Bayern abtreten,
der König muß mir aber für die Domänen 15 Millionen zahlen und zwei
Regimenter Infanterie mehr schaffen. Hanau soll der Fürst Primas
kriegen, er muß aber Frankreich seinen Antheil am Rheinzoll und
außerdem jährlich 300,000 Franken abgeben. Regensburg mit seinem
Gebiet könnte an Bayern übergehen, unter der Bedingung, daß der König
für den Neffen des Primas eine Dotation von 3— 400,000 Franken
macht und an Würtemberg noch ein Gebiet von 40,000 Seelen abtritt.

3

Das Fürstenthum Fulda steht dem Könige von Westphalen gut an, er würde dafür seine Armee entsprechend vermehren. Von dem Domänenwerth, 900,000 Franken, würden wenigstens 500,000 an Frankreich fallen. Erfurt hat nach dem Grundsatze, daß die Domänen mir gehören, ein Einkommen von 400,000 Fr., was sechs Millionen Kapital darstellt."

Kann man mit dem Gut und Blut eines Volkes schändlicher umgehen, als es hier aufgezeichnet ist? Und dem, der so mit deutschen Ländern verfuhr, lagen die Fürsten derselben Länder demüthig zu Füßen, weil er ihnen unbeschränkte Gewalt gab, ihre Unterthanen zu knechten und auszusaugen.

Jetzt fielen aber die Franzosen selbst über das Rheinbundsgebiet her und schlugen es zu Frankreich. Mit den Großherzogthümern Berg und Frankfurt wurde der Anfang gemacht. Dann wurden der Herzog von Oldenburg, die Fürsten von Aremberg und Salm fortgejagt und ihre Länder Frankreich einverleibt, ebenso Lauenburg und die Hanse-städte — ein Gebiet an der Nordsee von 600 Quadratmeilen. Als Grund dieses frechen Länderraubes gab das französische Ministerium einfach an: „weil es die Umstände (d. h. französische Hab-sucht) so geboten." In den annexirten Ländern wurde sogleich französische Polizei, Conscription, Steuern eingeführt und „durften sich die Deutschen bei amtlichen Geschäften neben der französischen Sprache einstweilen auch noch der deutschen bedienen."

Der Kirchenstaat war schon annexirt worden und der Papst saß als Gefangener in Frankreich. Jetzt wurde auch Holland französisch gemacht, weil es, sagten die Franzosen, „nur eine Anschwemmung an Frankreich sei." Die ganze Welt sollte der großen Nation unterworfen werden, wenn es noch lange dauerte. „In drei Jahren bin ich der Herr der Welt", sagte Napoleon im Jahre 1810. Aber Hochmuth geht vor dem Falle, bei Nationen, wie bei Einzelnen.

Hätte das Glück der Franzosen noch lange gedauert, so hätte Europa, vor Allem Deutschland untergehen müssen, denn je mehr sie Erfolge hatten, desto mehr wuchs ihr Uebermuth, ihre Tyrannei. Ueber ganz Deutschland war ein Netz von französischen Spionen ausgebreitet, die die Briefe öffneten, Leute, die sie im Verdacht hatten, Franzosenfeinde zu sein, des Nachts aus ihren Häusern holten und in die Kerker steckten oder selbst auf immer verschwinden machten.

Bücher, Zeitungen, Theater wurden von den Franzosen über=
wacht, politische Gespräche an öffentlichen Orten, ja sogar die Klagen
über die Noth der Zeit waren bei Strafe verboten. Im Jahre 1810
erschien eine Verordnung, wonach „alle diejenigen, die es gewagt hatten,
eine Bittschrift mit ihren Beschwerden an Napoleon zu richten, binnen
drei Tagen entweder eine ihnen auferlegte Vermögenssteuer bezahlen
oder sich Militärerekution gefallen lassen mußten."

Was aber das Maß des allgemeinen Unglücks voll machte und
die letzten Reste des Volkswohlstandes gar vernichtete, war die Con=
tinentalsperre. Napoleon verbot nämlich die Einfuhr aller Waaren,
welche aus England und den englischen Inseln kamen. Deutschland
wurde dadurch vom Weltverkehr ausgeschlossen, denn auch Frankreich
ließ keine deutschen Erzeugnisse ein, obgleich die Franzosen sich das
Monopol auf dem deutschen Markte genommen hatten. Die Industrie
ging zu Grunde und die Theuerung aller Colonial=Waaren war unge=
heuer; das Pfund Kaffee z. B. kostete 2—4 Thaler.

Französische Späher drangen überall ein, um englische Waaren
aufzuspüren. Thüren und Kästen wurden erbrochen, Läden und Ma=
gazine plötzlich von Soldaten besetzt und durchwühlt, ganze Waaren=
züge auf den Straßen von Reiterabtheilungen weggenommen. Diese
Gewaltthaten der französischen Spione und Soldaten mußten sich die
„verbündeten" deutschen Regierungen gefallen lassen, ja dieselben sogar
noch unterstützen. Alle eingeschmuggelten Waaren, die gefunden wurden,
behielt die französische Regierung für sich: sie löste aus dieser Beute
150 Millionen Francs. Die englischen Fabrikate wurden verbrannt;
in den Rheinbundsstaaten und überall sonst, wo die Franzosen Herren
waren, wurden die kostbarsten Waaren, mit deren Erlös man Tau=
sende von Armen hätte glücklich machen können, auf diese Weise in
Asche verwandelt. Der Schaden belief sich auf viele hundert Millionen
Gulden. Wer sein Eigenthum vor den Krallen der Franzosen retten
wollte und dennoch in ihre Hände fiel, wurde wie ein Straßenräuber
behandelt. Ein Gutsbesitzer, bei dem man einige Ballen englischen
Kattun gefunden hatte, wurde zu zehnjähriger Schanzarbeit und Brand=
markung auf der rechten Schulter, zur Bezahlung vom dreifachen Werth
der conflöcirten Gegenstände und von 50,000 Franken Strafgeld ver=
urtheilt. Leute, die Schiffe aus der Weser fortgebracht hatten, Schiffer,
die Flüchtige nach Helgoland übergeführt hatten, wurden erschossen. Auf

bloße Verläumbungen hin wurden angebliche Schmuggler zu Zwangs-
arbeit oder zum Tode verurtheilt. Unzählige Familien verloren ihr
Vermögen, ehedem reiche Städte verarmten so, daß sie ihre Kranken-
und Waisenhäuser schließen mußten. Besonders war das Elend groß
in den jüngst französisch gemachten norddeutschen Gebieten, die durch
die Handelssperre und die Erpressungen der Franzosen entsetzlich litten.
Das deutsche Volk war für Napoleon nur Canaille. „Warum dies
Schwanken,“ schrieb er an einen Beamten, der etwas menschlicher als
die übrigen verfuhr, „die Canaille muß durch Schrecken gebändigt
werden. Laßt nur eine Anzahl henken oder füsiliren und schickt den
Rest auf die Galeeren, die Canaille liebt und achtet nur, was sie
fürchtet.“ Und die Franzosen waren die Henkersknechte, Davoust und
Vandamme erfüllten getreulich das Gebot ihres Meisters. Das war
die französische Art, über Deutsche zu herrschen.

Nach all' dem Elend, welches die Franzosen über Deutschland
und ganz Europa gebracht, nach all den Schaudthaten, die sie verübt, ver-
kündete Napoleon: „Der Triumph seiner Waffen sei der Triumph des guten Princips über das Böse, der Triumph
der Ordnung, Sittlichkeit und Mäßigung über den Bürgerkrieg, über die Gesetzlosigkeit, über die Leidenschaften“.

Der russische Krieg.

Wenn die Franzosen sehen, daß sich Deutschland aus seiner Ohnmacht aufraffen will, so schlagen sie ein furchtbares Geschrei auf über
Verletzung des „europäischen Gleichgewichts.“ Es ist ihnen dabei aber
nicht um das Gleichgewicht, sondern blos um ihr Uebergewicht
zu thun. Sie wollen immer nur die erste Geige spielen. Als Napoleon so mächtig war, um nimmer Heuchelei zu brauchen, gestand er
es selbst, „daß die Franzosen nicht gleiche Kräfte neben
sich dulden können, daß diese steten Anlaß zur Eifersucht
und zum Kriege geben. Darum sei ein gebietendes Uebergewicht, eine ganz entschieden vorherrschende Macht das
großartigste und dringenste Bedürfniß. Eine solche vorherrschende Macht sei aber nur Frankreich!!“ Da es aber
noch Völker gab, die nicht dieser Meinung waren, so konnte natürlich

Frankreich keine Ruhe geben." „Die Regierung Frankreichs bedarf der Handlung, bedarf des Glanzes und demnach auch des Krieges", sagte Napoleon. „Sie muß die erste von allen sein oder sie geht zu Grunde. Eitelkeit ist die Triebfeder der Franzosen. Die Nation ist ganz wesentlich ehrsüchtig und eroberungsgierig." Napoleon kannte seine Franzosen. Durch die Speculation auf diese ihre Eigenschaften hatte er sich zu ihrem Kaiser gemacht, und nach jeder Unterjochung eines Volkes jubelten sie ihm zu wie einem Gotte, obgleich er ihnen ihre Freiheit genommen hatte. Um also der französischen Herrschaft alle Völker zu unterwerfen wurde im Jahre 1812 Rußland, weil es sich dem französischen Machtgebiet entzogen und wieder englische Waaren eingelassen hatte, der Krieg erklärt. Wie bei jedem französischen Kriege erging an die Vasallen vom Rheinbunde einfach der Befehl, denn was anderes bedurfte es nicht, ihre Contigente zu stellen, und diese französischen Lakaien verneigten sich unterthänigst und lieferten ihre Landeskinder wieder zu Tausenden auf die russischen Schlachtfelder, wie früher gegen Deutsche und Spanier. In Preußen wollte man Anfangs diese Gelegenheit benützen und gegen die französischen Dränger einen Verzweiflungskampf kämpfen. Man rüstete und auf die Frage des französischen Gesandten „was wollen Sie denn mit Ihren Truppen machen", antwortete der preußische Minister: Mit dem Degen in der Hand sterben, und niemals mit Schande zu Grunde gehen: Lähmt uns nicht die Schwäche, so soll die Welt erstaunen, mit welchen Kräften wir auftreten werden." Aber was das preußische Volk wollte, das getraute sich der König nicht. Er hoffte den Frieden zwischen Frankreich und Rußland vermitteln zu können; als dieses mißlang und die Russen Preußens Bündniß hochmüthig zurückwiesen, da glaubte der König, sein Land müsse beim Zusammenstoß der beiden Staaten, zwischen denen es lag, zerquetscht werden und unterzeichnete einen Vertrag, durch den es Theil am Kriege gegen Rußland nahm. Sogleich verlangten 300 preußische Offiziere, die Generale Gneisenau und der treffliche Scharnhorst, Kriegsminister und Wiederhersteller der preußischen Armee ihren Abschied, um in Rußland und Spanien gegen die Franzosen zu kämpfen. Oesterreich, das viel weniger als Preußen der Gefahr ausgesetzt war, schloß ebenfalls ein Bündniß mit Napoleon. Im Sommer 1812 wälzten sich die Heermassen über Deutschland hin, der russischen

Grenze zu. Es waren über 600,000 Mann, babei 150,000 Deutsche. Der Jammer der Mütter ertönte auf allen Gassen, Thränen und Weh= klagen erfüllten Dörfer und Städte, als man die Blüthe der Jugend hinwegschleppte, hin auf die weiten Eisfelder Rußlands, wo die jungen Leiber vermodern oder den Wölfen zum Fraße dienen sollten. Die letzten Söhne wurden den Eltern genommen und durch fliegende Ko= lonnen zusammengefangen; hatten sie sich geweigert, so wurden sie in's Gefängniß geworfen, fehlten diese, die Geschwister und zuletzt sogar die Pathen.

Das Volk, auch in den Rheinbundsstaaten wurde laut, als man seine Kinder abermals zur Schlachtbank trieb für den französischen Ehrgeiz und das undeutsche Treiben seiner Regierungen und es konnte die Lasten, die ihm dafür auferlegt wurden, nimmer tragen. Die Zeit, wo man im Süden mit Schadenfreude auf die Leiden Norddeutschlands gesehen hatte, war vorbei. Die Noth in den Ländern, wo man sich den Franzosen zum Werkzeuge hergegeben hatte, war so groß wie dort, wo man im Kampfe gegen das Fremdenjoch unterlegen war.

Als Napoleon nach Mainz und Dresden kam, reisten die deutschen Fürsten zu ihm und brachten ihm ihre Huldigungen dar, als ihrem Herrn und Meister.

Dann überschritt die französische Völkergeißel die russische Grenze. Alles kam nun darauf an, daß der russische Kaiser sich nicht durch Un= glück oder nicht wie früher durch die französischen Lockungen zur Un= terwerfung verleiten ließ, und daß dies nicht geschah, dafür sorgte der deutsche Freiherr von Stein, der ehemalige preußische Minister, der von Napoleon geächtet, beraubt und flüchtig, unablässig für die Befreiung Deutschlands gearbeitet hatte. Er sah mit dem Stolz des edlen un= eigennützigen Menschen auf den Götzen Napoleon herab, vor dem sich beinahe alle Hoch= und Höchstgebornen in den Staub geworfen hatten und wies alle Anerbietungen, die Gnade Napoleons zu suchen, um sein Vermögen wieder zu erlangen, mit den Worten zurück, „daß ihn die Umstände in die Lage gebracht, das Beispiel eines ausdauernden Charak= ters zu geben und er diesen Beruf nicht für erbärmliche Rücksichten auf Geld und Vermögen verlassen werde, und ob man denn glaube, daß an dem Quark etwas gelegen sei, wenn es auf's Vaterland an= komme?" Zu solchen Menschen kann das deutsche Volk mit stolzer Freude hinaufschauen und in ihnen Trost finden für so viele Vater=

landsverräther, erbärmliche Gesellen, an denen Deutschland leider reicher
ist, als irgend ein anderes Land. Stein nun ging auf Einladung zum
russischen Kaiser Alexander und flößte ihm Muth und die Kraft ein,
auszuhalten in allem Unglücke. Und das war nothwendig, denn Alexander war eine weiche Seele und Unglück kam zu Haufen. Die viel
schwächere russische Armee wurde zurückgedrängt und geschlagen und die
Franzosen zogen in Moskau, der alten Hauptstadt und Mittelpunkt
des Reiches ein. Aber jetzt zeigte sich, was ein Volk, das National-
gefühl hat, zu thun im Stande ist. Als die Franzosen in Moskau
eingezogen waren, schleuderten die Einwohner, voran der Statthalter
Fürst Rostopschin selbst die Brandfackel in ihre Häuser und verbrannten
ihre „heilige Stadt" mit all ihren Schätzen. Ein unverdorbenes Volk
gibt Alles hin, wenn es gilt, das Vaterland zu retten. Mit der nationalen Unabhängigkeit geht alles andere verloren. 1000 Millionen
Gulden gingen in Flammen auf, die Bewohner Moskau's waren
Bettler, aber sie hatten dem Feinde den Todesstoß gegeben. Statt einer
reichen Stadt, in der er sich von den ungeheuren Strapatzen des Weges
zu erholen hoffte, hatte er nur eine ungeheuere Feuerstätte erobert.
Jetzt legte sich Napoleon wieder auf's Heucheln und Schmeicheln und
suchte Alexander in seine Netze zu ziehen, weil es mit seiner Gewalt
zu Ende ging. Der Russenkaiser hatte mit furchtbarem Schmerze den
Untergang Moskau's ertragen, aber dieser Verlust machte die Ver-
söhnung nur unmöglicher.

Am 18. Oktober verließ die große französische Armee die Trümmer
der verbrannten Stadt und trat den Heimweg an, und nun begann
ein schauderhaftes Strafgericht Gottes über das verbrecherische Volk
der Franzosen und ihre Helfershelfer. Zurück über die faulenden Leichen
der Schlachtfelder ging der Zug, und Hunger, Krankheit und die
Kosaken verfolgten ihn. Da kam in den ersten Tagen des November
der russische Winter hinzu mit einer furchtbaren Kälte. Erfroren und
verhungert fielen Tausende. Wahnsinn und Verzweiflung bemächtigten
sich der Menschen; sie mordeten einander um ein Stück Brod und eine
Stelle am Feuer.

„Man sieht nichts, schrieb ein Augenzeuge, als Karren voll
Leichname, die theils von Wölfen angefressen auf den Heerstraßen ge-
sammelt und aus den Hospitälern weggeführt worden, oder Züge von
Gefangenen, mit Lumpen bedeckt, ausgemergelt durch Leiden aller Art,

hohläugig, mit blaugrauer Haut, in dumpfem Schweigen den Tod er=
wartend. Diese Unglücklichen verbreiten die Pest wohin sie kommen;
man stößt sie zurück und mit Recht; die Einwohner betrachten sie mit
Abscheu als die Schlachtopfer, welche durch einen grausamen Tod das
abscheuliche Verbrechen sühnen, Mitschuldige und Werkzeuge der Zer=
störungsmaßregeln Napoleons gewesen zu sein."

Am 14. Dezember waren von der „großen Armee" noch 1050
Bewaffnete übrig. Was sonst über die preußische Grenze kam, waren
Gerippe mit Lumpen behangen, wandelnde Leichen, an Stöcken wankend,
blind, taub, wahnsinnig, stumpf für alles, und nur der Ruf „Kosak"
trieb sie an, daß sie schneller vorwärts schwankten. Man nannte sie
„Moskauer Simpel". Das waren die Ueberreste der Welteroberer
und so zogen sie durch dasselbe Land, das sie so unmenschlich gepeinigt
und ausgesaugt hatten. Aber das Volk in Preußen nahm keine Rache
an ihnen, und die deutschen Brüder, die früher so viel Böses in Preußen
verübt, wurden jetzt mitleidig aufgenommen. „Ein unbeschreiblich freu=
diges Gefühl war es", schreibt ein aus Rußland entkommener würtem=
bergischer Offizier, „wenn all dem Grauen und Schauder entronnene
Deutsche im ersten ostpreußischen Städtchen wieder gesittete, theil=
nehmende Menschen fanden, Trostworte in der Muttersprache vernahmen
und das erste Stück deutschen Brodes, welches ihnen mitleidige Hände
reichten, mit endlich, endlich wiederströmenden Thränen benetzten."

Ueber 30,000 Bayern, es wird sogar behauptet 60,000, sind
auf den russischen Schneefeldern umgekommen; von 16,000 Würtem=
bergern haben nur 300 die Ihrigen wiedergesehen. Die Trauer in
Deutschland war unbeschreiblich; mehr als 80,000 seiner Söhne waren
hingemordet für die Eroberungsgier Napoleons, für die Ruhm= und
Habsucht der Franzosen und weil die meisten deutschen Fürsten stolz
darauf waren, Könige und Großherzoge von Napoleons Gnaden zu
sein und sich für Mehrung ihres Einkommens an den Erbfeind ver=
kauft hatten.

Gott hatte gerichtet. Mit Roß und Mann und Wagen hat
sie der Herr geschlagen, so sang man allerorts. Aber noch blieb auch
den Deutschen genug zu thun, um sich ihrer Unterdrücker vollständig
zu entledigen und zu zeigen, daß sie werth seien, eine freie Nation zu sein.

Allein wie sah es unter den Deutschen aus, die meisten Fürsten
waren die Knechte der Franzosen, „betitelte Sclaven und Untervögte,

die mit dem Gut und Blut ihrer Unterthanen eine hinfällige Existenz erbettelten." Der Kaiser von Oesterreich war der Schwiegervater Napoleons, Preußen war der Hälfte seines Landes beraubt, sein Reichthum und seine Hilfsquellen vernichtet und noch waren die preußischen Festungen und die Hauptstadt von Franzosen besetzt. Aber dieses kleine zertretene Preußen nahm die Befreiung von ganz Deutschland in die Hand; es zeigte, was Vaterlandsliebe vermag und welche Kraft den Deutschen innewohnt. Jetzt oder niemals! so lautete der Wahlspruch durch's ganze Land!

Schon hatte Ostpreußen sich erhoben. Diese Provinz, die am meisten gelitten hatte, in der Städte und Dörfer in Trümmern lagen, deren Felder unbebaut, deren Pferde und Schlachtvieh durch die Franzosen mitgenommen waren, dieses ausgesogene Land machte jetzt den Vorkämpfer für Deutschlands Befreiung. Binnen wenigen Wochen standen 33,000 Mann unter den Waffen; die Ausrüstungskosten wurden von der Provinz selbst getragen. Männer, Greise, Jünglinge von 16 Jahren weihten ihr Leben der Befreiung des Vaterlandes. Von je 26 Einwohnern hatte sich einer zu den Fahnen gemeldet.

Der König wurde fortgerissen von der Begeisterung seines Volkes. Es drohte Bürgerkrieg, wenn er sich der Bewegung entgegenstellte. Er verließ Berlin, wo ihn die Franzosen jeden Augenblick zum Gefangenen machen konnten und begab sich nach Schlesien; von da erließ er am 3. Februar eine Verordnung zur Bildung freiwilliger Jäger. Es war nicht gesagt wozu, aber das ganze Volk wußte, daß es gelte, die französischen Bluthunde aus Deutschland hinauszuwerfen, und es war ihm kein Opfer zu groß, um die nationale Selbstständigkeit wieder zu erlangen. Jeder Einzelne setzt jetzt Alles ein für das Vaterland, für deutsche Ehre, deutsche Art, Sprache und Zukunft. Was damals Preußen leistete, steht einzig da in der Geschichte der Völker.

Eltern gaben freiwillig ihren letzten Sohn in den Opfertod, die Frau den Gatten, die Braut den Bräutigam; die höheren Schulen lösten sich auf und die Schüler sammt den Lehrern zogen in den Kampf. Bauern und Bürger verließen die Werkstätten und den Pflug, Beamte die Amtsstuben und gingen zu den Freiwilligenkorps. Gutsbesitzer rüsteten ihre Knechte aus und kamen mit ihnen zu den Fahnen und Väter kamen mit all ihren Söhnen. In Berlin allein meldeten sich in drei Tagen 9000 Freiwillige. Selbst Schwache und Gebrechliche boten sich an, und wenn sie zurückgewiesen wurden, so halfen sie zur Ausrüstung Anderer. Es drängten sich so viele herbei, daß abgemahnt werden mußte, weil die Amtsstuben leer wurden und alle Geschäfte in's Stocken geriethen. Als später die Landwehr errichtet wurde, die aus Männern bis zu 40 Jahren bestehen sollte, kamen selbst 70jährige Greise, um als Gemeine zu dienen. Die Gemeinden, die kleinsten Dörfer übernahmen die Sorge für die Familien der Landwehrleute und für die heimkehrenden Invaliden.

Bis Ende März hatte das kleine Preußen eine Streitmacht von 271,000 Mann gestellt. Auf je 18 Seelen traf ein Streiter für das Vaterland!

Auch aus andern Theilen Norddeutschlands kamen Freiwillige und traten in die berühmten Freikorps des Lützow, Colomb u. a.

Aber der Staat hatte keine Mittel mehr, alle seine Streiter auszurüsten, und alle Waffen hatten die Franzosen geraubt. Das Volk gab daher alles hin, was es noch besaß, um die Ausrüstung zu beschaffen. Junge Leute verkauften ihre Bücher und Werkzeuge, Bauern brachten ihr letztes Pferd; Beamte und Offiziere verzichteten auf ihren Gehalt. Invaliden opferten ihren kleinen Besitz und klagten, daß sie dem Vaterlande nimmer dienen konnten. Wittwen und Dienstboten brachten ihren Sparpfennig und Kinder ihr Taschengeld; selbst arme Musikanten gaben die Hälfte von ihrem magern Erwerb. Wer aus den Unglücksjahren noch eine Kostbarkeit, ein theures Andenken gerettet hatte, brachte es jetzt dar. Frauen gaben ihren Brautschmuck, ja sogar die Eheringe wurden geopfert. Viele rüsteten Freiwillige aus. Lebensmittel, Kleider wurden eingeliefert und der Aermste wollte wenigstens eine unentgeltliche Arbeit verrichten. Es kam selbst vor, daß sich arme Mädchen ihr Haar vom Haupte schnitten, und es verkauften, um auch etwas für das Vaterland zu thun. Der Eigennutz war ganz aus den Herzen der Menschen verschwunden, der Unterschied von Mein und Dein hatte aufgehört.

Die Begeisterung jener Tage, das tiefe religiöse Gefühl, mit dem das Volk in den Kampf für's Vaterland ging, stellen es über alle Völker, und löschen selbst die Schmach, welche die verbrecherische Verbindung eines Theiles der Nation mit den Fremden über den deutschen Namen gebracht hatte.

Als dann die Freiwilligen auszogen aus den Dörfern und

Städten sammelten sie sich in der Kirche und weihten sich durch die Kommunion zum „heiligen Krieg." Knaben gingen neben bärtigen Männern und Greisen, der Bauer neben dem Fürstensohne, es gab keinen Unterschied des Standes, noch der Religion, alle waren Brüder, die ihr Leben dem Vaterlande zum Opfer bringen wollten. Es war damals eine Frömmigkeit, ein Pflichtgefühl und eine Sittenstrenge in den Menschen wie nie zuvor. Man sieht, es ist etwas anderes um Kämpfer, die für ihr Vaterland in den Tod gehen, als um Soldaten, die nur militärischer Gehorsam in den Krieg führt, die sich selbst dazu brauchen lassen, auf Befehl des Fürsten mit den Feinden gegen das eigene Vaterland zu kämpfen.

Für Gott und Vaterland war der Schlachtruf der Freiheits= kämpfer, und Sänger entstanden unter ihnen wie die Propheten bei dem Volke Gottes des alten Testamentes, welche der heiligen Begeisterung ihres Volkes Worte verliehen.

So sangen jetzt begeisterte Dichter, bis ihr Leben unter den Geschossen des Feindes verhauchte:

„Der Herr ist uns're Zuversicht,
Wie schwer der Kampf auch werde;
Wir streiten ja für Recht und Pflicht,
Und für die heil'ge Erde.
D'rum retten wir das Vaterland:
So that's der Herr durch uns're Hand,
Dem Herrn allein die Ehre!

Er weckt uns jetzt mit Siegerlust
Für die gerechte Sache.
Er rief es selbst in unsre Brust:
Auf, deutsches Volk; erwache!
Und führt uns, wär's auch durch den Tod
Zu seiner Freiheit Morgenroth.
Dem Herrn allein die Ehre!"

Der Befreiungskampf.

Auch die Rheinbündler rüsteten. In Baiern und Würtemberg und den anderen Ländchen, deren Kinder durch die Franzosen auf alle

Schlachtfelder Europas geschleppt worden waren, war natürlich Men=
schenmangel eingetreten und man hatte auf 18= und 17 Jährige zurück=
greifen müssen.

Aber nach dem die letzten Kräfte an Gut und Blut aufgeboten
waren, stand wieder eine ansehnliche Armee beisammen. Vielleicht wird
diese dazu verwendet, mit den Freiheitskämpfern des Nordens Deutsch=
land von den letzten Franzosen zu räumen und ihnen den deutschen
Raub zu entreißen? Standen alle Deutsche zusammen, so war das
leicht; sie konnten in der eigenen Hauptstadt des Feindes den Frieden
holen, einen Frieden, wie Deutschland ihn brauchte, damit es bewahrt
bliebe vor neuen Einfällen der habsüchtigen Wälschen. Das Volk in
Süddeutschland hatte zwar nicht das brennende Gefühl der Schande
über die fremde Slaverei, denn es hatte zulange die Siege der
Franzosen über die Deutschen gefeiert und dadurch alles nationale
Schamgefühl verloren; aber die französischen Grausamkeiten, das Hin=
schlachten seiner Söhne, die unerschwinglichen Lasten, die Noth und das
Elend hatten es mit Ingrimm gegen seine französischen Peiniger er=
füllt. Es hoffte auf Erlösung durch die Wiedervereinigung mit Deutsch=
land. Dies war das einzige Heil des Volkes.

Aber was kümmerte das die Fürsten! Der König von Würtem=
berg, der seine armen Unterthanen bis auf's Blut drangsalirte, hieß
diejenigen seiner Unterthanen, die sich gegen die Franzosen erhoben,
„Hochverräther" und errichtete Ausnahmsgerichte, von welchen sie ohne
den herkömmlichen Vertheidiger abgeurtheilt werden sollten; ja er machte
sogar den Spion Napoleons und verrieth ihm alles, was in Deutsch=
land vorging, besser als die französischen Spürhunde.

Also die Könige und Herzoge von Napoleons Gnaden stellten
ihrem Herrn wieder „Futter für Pulver" in Menge und da die Fran=
zosen doch so eine Ahnung hatten, daß es mit ihrer Macht in Deutsch=
land zu Ende gehe, so trachteten sie die deutschen Truppen möglichst
aufzubrauchen, wie es die französischen Generale selbst sagten. So
äußerte der Marschall Ney gegen einen würtembergischen General: „Es
liegt in unserem Interesse, daß ihr Alle umkommt, damit ihr nicht
am Ende gegen uns fechtet." Jede Schlappe, die die Franzosen in den
Kämpfen mit den Preußen erlitten, wurde jetzt der „Feigheit" ihrer
deutschen Hilfstruppen aufgebürdet, die Baiern und Sachsen fälschlich
beschuldigt, daß sie über Hals und Kopf davon gelaufen seien, wäh=

renb gerabe umgekehrt französische Ausreißer „zwischen ben Füßen ber Bayern burchbrachen, um in ihrem Viereck Schuß zu suchen."

Was that aber Oesterreich? Nahm es Theil an der Befreiung Deutschlands? Oesterreich wartete vorerst, ob ihm Frankreich ober Preußen und seine Verbündeten ben größten Kaufpreis für seine Hülfe zahlen würden. Die Erhebung bes beutschen Volkes war bem österreichischen Kaiser mit seinen Staatsmännern ein Dorn im Auge, obgleich er im Jahre 1809 selbst bas Volk zu seiner Rettung aufgerufen hatte. Jetzt wurben sogar bie Männer, bie früher im Regierungsauftrag ben tyrolischen Aufstand geschürt hatten, bes Nachts überfallen und in ben Kerker geworfen, weil sie es an ber Zeit hielten, bie Thyröler abermals aufzurufen.

Den erhabenen Opfermuth bes preußischen Volkes hieß ber österreichische Kaiser und sein Minister Metternich einen „Aufruhr, ben man mit allen Kräften unterbrücken müsse". Hätte Oesterreich seine hunderttausend Mann, bie es unter Waffen hatte, für bie beutsche Sache gestellt, so wären bie Franzosen gar über ben Rhein geworfen worben. So mußten aber noch Ströme Blutes fließen, benn Napoleon hatte mit einer Eile gerüstet, baß er bis zum Frühjahr 1813 wieder gegen eine halbe Million Solbaten hatte; freilich bas letzte, was Frankreich und seine Rheinbundsvasallen leisten konnten. Wieder wurben bie beutschen Gebiete an ber Norbsee, aus benen bie Franzosen schon verjagt waren, besetzt und biese Unmenschen hausten jetzt ärger als zuvor; sie wollten bas arme Land für ihre Nieberlage büßen lassen, so ungefähr wie sie sich jetzt wieder in Deutschland entschädigen möchten für bie Schanbe, bie sie in Mexiko erlitten.

Morb Unschulbiger, schändliche Erpressungen und Raub waren wieder an ber Tagesorbnung. In Hamburg wurben 25,000 Menschen von ber ärmeren Klasse aus ber Stabt getrieben, damit es im Winter ben Franzosen nicht an Lebensmitteln fehle!

So stand es im Frühjahr 1813 und biese Vorgänge ließen vorausfehen, was Deutschland zu erwarten hatte, wenn es nochmals unter bie französische Völkergeißel gerieth. Und wie nahe lag biese Gefahr! In ganz Deutschland stand Preußen allein Frankreich gegenüber. Es wurbe von seinem hochfahrenden russischen Verbündeten nur schwach unterstützt und vielfach am kräftigen Handeln behindert. Dagegen bem französischen Befehl leisteten 14 Millionen Deutsche unbebingten Gehorſam. Wenn das heldenmüthige preußiſche Volk umſonſt verblutete, was ſollte dann aus Deutſchland werden? Es wäre heute vielleicht ein zweites Polen, und Franzoſen und Ruſſen ſchickten diejenigen Deutſchen in die Todtenlüfte von Lambeſſa und in die Mördergruben Sibiriens, welche ſich unterſtänden, noch den Namen ihres deutſchen Vaterlandes auszuſprechen.

Gott hat dieſes Geſchick verhütet; er war mit den edlen, opfer= müthigen Kämpfern unſeres Volkes; aber nicht leichten Kaufes ſollten ſie das hohe Gut nationaler Unabhängigkeit erringen, ſondern durch Menſchenopfer und Schmerzen ohne Zahl.

In den zwei Schlachten des Mai hatten die Preußen mit einem beiſpielloſen Todesmuth gegen eine große Uebermacht gekämpft, ohne zu ſiegen, aber auch ohne unterlegen zu ſein. Sie hatten keinen Gefan= genen verloren und ſelbſt die Todten lagen da mit verklärtem Ange= ſicht; ſie waren mit dem Gefühle aus der Welt gegangen, daß ſie ihr Vaterland und ſich ſelbſt gerächt. Die Franzoſen begriffen, daß ſie mit einem Rieſengeiſte zu kämpfen hatten, ſie wollten Athem ſchöpfen und friſche Kräfte holen. Napoleon ſchloß einen Waffenſtillſtand, den beide Heere zur Vervollſtändigung der Rüſtungen benützten.

In Oeſterreich drängten die Deutſchgeſinnten zur Theilnahme am Kriege, von dem die Exiſtenz Deutſchlands abhing; aber das kaiſerliche Kabinet war noch nicht im Klaren, wo es den größten Profit machen könne. Die blutigen Opferſchlachten des Mai ſah es mit Befriedigung als eine wohlverdiente Züchtigung der vorlauten Menſchen, „die das eigene Kabinet als Freiwilligen gepreßt hatten", wie ſich Kaiſer Franz von dem Alles opfernden preußiſchen Volke ausdrückte, und er ſchrieb dar= über an ſeinen Schwiegerſohn Napoleon: „Ich glaubte den lange voraus= geſehenen Augenblick erwarten zu müſſen, wo ein ernſtes Treffen manche Leidenſchaften gedämpft und manche Chimären zerſtreut haben würde. Dieſer Augenblick iſt gekommen und es liegt in der Hand Eurer Majeſtät in Folge einer glänzenden Opera= tion der Welt den Frieden zu geben". Ja es wurde in den Wiener Vorſtadttheatern auf höheres Anſtiften die heilige Begeiſterung, mit der die Deutſchen in den Tod für's Vaterland gegangen waren, durch Zotenreißer beſchimpft.

Napoleon wollte von einer öſterreichiſchen Vermittlung nichts wiſſen. Er hatte durch ſeinen Kundſchafter, den würtembergiſchen König

erfahren, daß sein Schwiegervater auch mit den anderen Mächten in Unter-
handlung stand und wollte ihn um die Früchte seiner Falschheit bringen.

Jetzt näherte sich Oesterreich den Verbündeten, Preußen und
Rußland, aber es machte zur Bedingung seines Bündnisses; daß dem
Kriege der Charakter einer freiwilligen Volkserhebung genommen werde
und die Zusagen innerer Freiheit und nationaler Einigung, die man
dem Volke gemacht hatte, nicht gehalten würden. Dann bestimmte
Oesterreich die Bedingungen, die Napoleon gestellt werden sollten; nahm
er diese nicht an, erst dann wollte es Theil am Kriege gegen Frankreich nehmen.

Was waren aber das für Bedingungen! Alles was von Frankreich zurückverlangt wurde, war das Gebiet der Nordsee, das es im
Jahre 1810 geraubt hatte, dann Warschau und Illyrien. Also Westphalen mit Hannover, das Herzogthum Berg und Frankfurt, die Ober-
gewalt über ganz Süd- und Mitteldeutschland sollte es behalten, dazu
Holland, Belgien, Italien, Spanien, die Schweiz. Die Franzosen
sollten nach diesem österreichischen Plane die allmächtigen Herren, die
Deutschen in Knechtschaft und Erniedrigung bleiben.

Aber trotz des freundschaftlichen Eifers des österreichischen Kabinets,
Napoleon zu dem kleinen Opfer zu bewegen, hielt er selbst das geringste
Nachgeben für eine Entwürdigung Frankreichs und eine Verletzung der
französischen Eitelkeit. Jetzt mußte also Oesterreich dem Bündnisse gegen
Frankreich beitreten und nach Ablauf des Waffenstillstandes am Kriege
Theil nehmen.

Während dieses Waffenstillstandes ereignete sich ein Begebniß,
dessen Nichtswürdigkeit ewige Brandmarkung verdient. Eine Schaar
der Lützower Freiwilligen, 400 Mann an der Zahl, hatte die Nachricht von der Waffenruhe zu spät erhalten, und konnte nicht zur be-
stimmten Zeit die dem Heere angewiesenen Plätze erreichen. Auf diese
Schaar, die aus den besten deutschen Jünglingen bestand, hatten die
Franzosen einen verruchten Mordanschlag gemacht und führten ihren
Schurkenstreich in einer Weise aus, wie Banditen. Der Befehl dazu
kam von Napoleon selbst, der besonders gegen die Deutschen, welche
freiwillig ihr Land vertheidigten, vor Wuth schäumte und sie nur
„Räuber" nannte. Die Ausführung des Mordstreiches übernahmen
zwei französische Generale, Arrighi und Fournier hießen die Elenden,
an der Spitze von 4000 Franzosen! 4000 gegen 400 Menschen, die

durch den Waffenstillstand sicher gemacht, ruhig und sorglos ihres Weges zogen. Aber nicht genug an dem tückischen Streich, aus dem so recht wieder die französische Tigernatur herausblickte, er wurde mit der doppelten Bosheit begangen, daß auch Deutsche, nämlich zwei würtembergische Regimenter commandirt wurden, an dem Mordstück gegen ihre Landsleute Theil zu nehmen. Der würtembergische General Normann gab sich dazu her, sie zu kommandiren und der Domherr von der Pforbten aus Merseburg rühmte sich, daß er durch seine Spionendienste zu der infamen Schlächterei beigetragen habe. Um die Lützower sicher zu machen, ließ ihnen der französische General sagen, er werde ihnen Offiziere senden, um ihren Marsch zu leiten und gab sein Ehrenwort, daß er keinen Befehl habe, feindlich zu verfahren, aber die Truppe müßte ihm nach Leipzig folgen. So hinterlistig verfuhren die Franzosen, um ihre Opfer zu fangen, obgleich sie zehnmal an Zahl überlegen waren. Die Lützower ahnten nichts Arges und machten sich voran auf den Weg. Da stürzten plötzlich die zwei Reiterregimenter mit dem Rufe: „Herunter von den Pferden!“ auf das kleine Häuflein ein, drängten es in einen Hohlweg zusammen und metzelten es dort nieder; nur wenige retteten sich. So endeten die edlen deutschen Freiheitskämpfer der Lützower durch französische Tücke und Schurkerei.

Nach diesem Bubenstück schämten sich doch viele der Rheinbunds-Soldaten, die bisher auf höheren Befehl mit und für die Franzosen gegen ihre Landsleute gekämpft hatten, und als es wieder zum Schlagen kam, gingen würtembergische und sächsische Regimenter zu ihren preußischen Landsleuten über.

Der blutbefleckte Waffenstillstand war zu Ende; Napoleon hatte die österreichischen Bedingungen, so gut sie für Frankreich und so verderblich sie für Deutschland waren, verworfen; der Krieg hatte wieder begonnen. Aber mit den Siegen der Franzosen war es aus. Schlag auf Schlag, Niederlage auf Niederlage traf sie jetzt und was ihrer Eitelkeit am wehesten that, war, daß sie häufig geschlagen wurden von Männern, die früher nie die Waffen geführt hatten, von den preußischen Landwehren, die als wahre Helden kämpften, und auch dann den Sieg errangen, wenn sie in der Minderzahl waren. Deßhalb bürdeten die Franzosen immer ihre Niederlage den rheinbündischen Truppen auf.

Das Glück war von den französischen Waffen gewichen. Jetzt wandte sich endlich auch Bayern von Frankreich ab. Der König Max schrieb an Napoleon, „daß er nicht länger gegen das Interesse und den Willen seines Landes die Verbindung mit Frankreich fortsetzen könne." Um ihn für die deutsche Sache zu gewinnen, hatte der König von Preußen versprochen, daß er seine Gebiete Ansbach und Baireuth nicht zurückverlangen werde. Sodann schloß Bayern zu Ried einen Vertrag mit Oesterreich, durch den es den Rheinbund verließ und am Kriege gegen Frankreich Theil nahm. Oesterreich ließ sich darin sogleich seine früheren Gebiete Tyrol, Salzburg, das Inn- und Hausruckviertel von Bayern zurückgeben.

Dafür gab es dem Könige die Rechte seiner Unterthanen auf ständische Verfassung preis, welche diese vor der revolutionären Verbindung ihres Fürsten mit Frankreich hatten. „Denn, sagte der österreichische Minister Metternich, man hat es nur mit den Fürsten nicht mit den Völkern zu thun." Was wohl aus den Fürsten geworden wäre, wenn die Völker die wackelnden Fürstenthrone nicht mit ihren Leichen gestützt hätten? Es war Zeit, daß Bayern an die Umkehr dachte. Zehn Tage nach dem Rieder Vertrage flohen die Franzosen von dem Leipziger Schlachtfelde, wo Gott das große dreitägige Völkergericht gehalten hatte, weg, dem Rheine zu. Mit ihnen viele rheinbündische Soldaten, die ihre Fürsten bis zuletzt der schlechten Sache dienen ließen. Den König von Sachsen, der, als schon die Franzosen aus Leipzig flohen, noch das Blut der siegreichen Deutschen und Russen und seiner Landeskinder an den Thoren der Stadt verspritzen ließ, erreichte das Schicksal: er wurde gefangen und verlor die Hälfte seines Landes. Freilich hatte er seinen Thron ganz verwirkt und konnte noch zufrieden sein, wenn er bedachte, aus welch nichtigen Ursachen sein Abgott Napoleon so viele Fürsten von ihren Thronen gejagt hatte.

Die Bayern hatten bei Leipzig nicht mitgekämpft, aber sie verfolgten die Franzosen auf ihrer Flucht. Doch wurde diese Flucht durch die österreichische Freundschaft sehr erleichtert und so kam es, daß die Bayern von den fließenden Franzosen bei Hanau über den Haufen geworfen wurden und 9000 Leichen auf dem Platze ließen. Diese Niederlage der Bayern machte dem Würtemberger König eine solche Freude, daß er ein Fest hielt und dabei voll wilden Jubels auf Napoleons Ge-

sundheit trank. Auch strafte er die württembergischen Beamten mit Ent-
lassung, wenn sie es wagten, Freude über die Befreiung Deutschlands
zu zeigen. Man kann sich denken, wie ernst es diesem Könige war,
als er zwei Tage nach der Niederlage der Bayern ebenfalls die französische Sache verließ. Seine verrätherische Gesinnung zeigte sich
einige Monate später beim Kriege in Frankreich. Als die Franzosen
einige Vortheile errangen, schrieb er an Napoleon einen Brief, worin
er seine große Reue über den „nothgedrungenen Abfall" und die Hoffnung
aussprach, „bald wieder unter die glorreichen französischen Fahnen zu-
rückkehren zu können." Und auch diesem Fürsten wurde unbeschränkte
Oberherrlichkeit zugestanden, statt daß man ihm nur unter der Bedingung Verzeihung angedeihen ließ, daß er seinem Volk dessen alte
Rechte zurückgab und gegen Deutschland die Pflichten wieder erfüllte,
die er mit Hilfe Frankreichs verrathen hatte.

Wie diese Souveräne von Napoleons Gnaden ihre unbeschränkte
Fürstengewalt gebrauchten, zeigte sich bald. Was sie ihrem Meister
Napoleon nie zu versagen gewagt haben würden, verweigerten sie der
Erhaltung von Deutschland. Während sie früher sich in allem der
französischen Leitung unterordneten, sträubten sie sich jetzt gegen jede
gemeinsame deutsche Einrichtung. Da seit dem Beginne des Feldzugs
in Frankreich die Verwundeten und Kranken rückwärts in die zunächst
gelegenen Gebiete geschafft wurden, so war gleichmäßiges Lazarethwesen
mit gemeinsamer Kostentragung ganz unentbehrlich. Aber selbst von
dieser wohlthätigen Einrichtung wollten verschiedene Rheinbündler nichts
wissen. In Würtemberg weigerten sich die Behörden,
andere als würtembergische Soldaten aufzunehmen
und ließen die Kranken und Sterbenden auf der Straße
liegen, ja es war den Aerzten und Geistlichen bei schwerer
Strafe verboten, diesen Unglücklichen beizustehen!

Auch in Bayern ließ man die armen Verwundeten, wenn sie
aus andern deutschen Landestheilen waren, hilflos liegen, bis sie am
Wundbrande, durch Hunger und Ungeziefer umkamen. Wenn man es
einmal gegen Franzosen so gemacht hätte, wie schnell wäre da mit
der sogenannten Souveränität aufgeräumt worden! Aber das hieß
man die Selbstständigkeit gegen Deutschland wahren!

Der Krieg in Frankreich.

Vorwärts nach Paris, nach Paris! Dort müssen wir den
Frieden holen, oder unser Blut ist umsonst geflossen und im nächsten
Jahre lehren sie wieder, die französischen Räuber und tränken unsern
Boden auf's Neue mit unsern Thränen und unserm Blut. So riefen
allerwärts die Kämpfer für's deutsche Vaterland. Und Blücher, der
General mit den schneeweißen Haaren und dem feurigen Herzen schrieb:
„Soll die Sache gut für die Menschheit werden, so müssen wir nach
Paris. Dort können unsere Monarchen einen guten Frieden schließen,
ich darf sagen diktiren. Der Tyrann hat alle Hauptstädte besucht, geplündert und bestohlen; wir wollen uns so was nicht schuldig machen,
aber unsere Ehre fordert das Vergeltungsrecht, ihn in seinem Neste zu
besuchen.“ Aber den tapferen alten Degen mit seinem Heldenheere
brauchte man nur zu Thaten, nicht zum Rathen. Von der ganzen
Arbeit des heiligen Krieges hatte der herrliche Greis mit den Seinen,
die seinem „Kinder vorwärts!“ durch Wasser und Feuer folgten, gut
zwei Drittheile gethan, ja ohne seinen Muth und sein Drängen wäre
überhaupt das große Befreiungswerk durch das Diplomatenpack elend
verpfuscht worden. Und nun rief man den vorwärts Eilenden zurück
und statt eines raschen Einmarsches in Frankreich, schickte der österreichische Minister Metternich, dem ungeheuer viel daran lag, Napoleon zu retten und die deutsche Befreiungssache zu verderben, einen gefangenen französischen Gesandten Napoleon nach und ließ um den
Frieden betteln. Und dazu warf er den besiegten Franzosen die schönen
deutschen Rheinlande hin, das heutige Rheinbayern, Rheinhessen und
Rheinpreußen. Also sollten die Franzosen für ihre zwanzigjährigen
Mordbrennereien in Deutschland noch mit dem schönsten deutschen Lande
belohnt werden und eine Grenze erhalten, von der sie immer ihre
Raubzüge nach Deutschland bequem erneuern könnten.

Hätte Napoleon dies Anerbieten auch angenommen, so hätten
wir ein Jahr darauf wieder die Franzosen gehabt; denn schon auf der
jämmerlichen Flucht von Leipzig hatte er gesagt: „Es ist noch nicht
aus, wir kommen wieder.“ Aber der Franzosenkaiser war zu hochmüthig, um sich mit der Rheingrenze zufrieden zu geben.

Jetzt endlich, nachdem man den Franzosen Zeit gelassen, sich
wieder zu erheben entschloß man sich zum Einmarsch in Frankreich.

Aber noch immer ging man nicht nach Paris; ja es war, als wollte man Napoleon Gelegenheit zu neuen Siegen geben, denn nach einer glanzvoll gewonnenen Schlacht trennte man sogar die Heere. So kam es, daß der Kampf noch einige Monate dauerte und noch Tausende von Menschenleben durch Hunger, Krankheit und die feindlichen Waffen zu Grunde gingen. Vor allem aber litt das preußische Heldenheer des Blücher, das stets voran war und das man der ganzen französischen Macht ausgesetzt ließ. Im österreichischen Hauptquartier sprach man nur von den Gefahren eines Vorgehens auf Paris, ließ aber die schwache Blücher'sche Armee allein vorgehen, um zu sehen, ob sie siegen werde und ihr in diesem Falle zu folgen. Das österreichische Kabinet wollte es nicht zum gänzlichen Unterliegen Napoleons kommen lassen und gab sich auch jetzt noch alle Mühe, ihn zum Frieden zu bewegen. Daß darüber unzählige Deutsche zu Grunde gingen, hatte nichts zu sagen.

Während also unsere Truppen unter aufreibenden Märschen und Nahrungsmangel entsetzlich litten und der beste Theil des Heeres dem Anprall des napoleonischen Verzweiflungskampfes preisgegeben war, hielt der österreichische Gesandte dem französischen folgende Reden: „Gibt es denn kein Mittel, den Kaiser aufzuklären über seine wahre Lage? Will er durchaus sein Schicksal und das seines Sohnes auf die Laffette seiner letzten Kanone stellen? Ohne Oesterreich wären die Verbündeten schon längst zum Aeußersten geschritten, wenn aber der Friede nicht bald erfolge, seien alle ferneren Rücksichten unmöglich." Napoleon aber sann statt auf den Frieden nur auf Ränke, um die verbündete Armee in Unthätigkeit zu erhalten, bis er wieder obenauf wäre. Da waren denn längere Rücksichten gegen die Franzosen und längeres Hinopfern der deutschen Truppen nicht mehr möglich; die Friedensverhandlungen mußten abgebrochen werden und die Verbündeten endlich Ernst machen. Metternich zeigte dies dem französischen Unterhändler an und begann mit den Worten: „Die Sachen gehen sehr schlimm," jetzt da sie endlich gut für Deutschland gingen!

So mußte man sich denn entschließen, dem Heere Blüchers zu folgen und auf das einzige Ziel loszugehen das alle guten Deutschen im Auge hatten und das schon im November 1813 in einigen Tagmärschen hätte erreicht werden können, wie ein französischer Marschall selbst gestand. Jetzt war es der 31. März 1814, als endlich die

Verbündeten in Paris einzogen. Sie wurden von den Parisern mit grenzenlosem Jubel empfangen und mit den eckelhaftesten Schmeicheleien überhäuft. An den Stiefeln des russischen Kaisers, ja an den Schweif seines Pferdes hingen sich diese Leute und bedeckten sie mit Küssen.

Das können Franzosen leisten, die immer so viel Geschrei von ihrer nationalen Ehre machen. Sie quälen andere Nationen nur so lange mit den vorgeblichen Ansprüchen ihrer Ehre, als sich diese alles gefallen lassen. Wird den Herrn Franzosen aber heimbezahlt, so benehmen sie sich nach empfangenen Schlägen hündischer als irgend ein anderes Volk.

Mit Paris war auch der Friede erreicht. Wie viel Blut wäre also erspart worden, wenn man dem Verlangen der preußischen Armee sogleich nachgegeben hätte! Napoleon mußte abdanken und erhielt die kleine Insel Elba mit 2 Millionen Franken jährlich. Dann wurde der Bruder des ermordeten Ludwig XVI. als König eingesetzt.

In Deutschland hatte man gehofft, daß den Franzosen die Lande, die sie auf so schändliche Art gestohlen hatten, Straßburg und das Elsaß jetzt wieder abgenommen und damit einigermaßen die schrecklichen Leiden, die sie über Deutschland gebracht, gut gemacht würden. Aber was das deutsche Volk hoffte und verlangte, war jetzt einerlei. Man hatte nur sein Blut gebraucht. Es wurden nicht einmal die Kunstschätze und Kostbarkeiten, welche die Franzosen aus unseren Städten fort und nach Paris geschleppt hatten, wo sie nun prangten, zurückgenommen, noch eine Vergütung erhoben, um dem ausgesaugten Volke eine kleine Entschädigung für seine ungeheuren Verluste zu geben. Die Monarchen wollten gegen die räuberischen Franzosen großmüthig sein. Der russische und englische konnten das leicht auf Kosten Deutschlands; Oesterreich kümmerte sich nicht um deutsches Interesse, und Preußen wurde zurückgewiesen, als es für die französischen Erpressungen und die Durchzugskosten von 1808 und 1812 eine Entschädigung verlangte. Dem vereinigten Willen der andern gegenüber mußte es wohl schweigen, um so mehr als seine Armee das größte Stück Arbeit gethan und also am meisten geschwächt war, während die österreichische wohlweislich für die Friedensunterhandlungen geschont war.

Die Franzosen fanden alle Rückerstattungsansprüche, die an sie gemacht wurden, „höchst unanständig" und die unzeitige Großmuth, die gegen sie geübt wurde, machte sie so unverschämt, daß sie sich mit den ungeschmälerten Grenzen, die sie im Jahre 1792 hatten, nicht begnügten, sondern sogar noch 1 Million Seelen verlangten, die natürlich Deutsche gewesen wären. Sie wollten nämlich einen Theil der Niederlande, die Pfalz mit den Festungen Landau, Kaiserslautern, Luxemburg u. s. w. Und wirklich setzten sie es mit ihrer Unverschämtheit durch, daß ihnen aus deutschen und niederländischen Gebieten 150 Quadratmeilen mit 450,000 Einwohnern abgetreten wurden. So mußten also die sieghaften Deutschen ihre besiegten Räuber auch noch bezahlen. Solche Schmach konnte man einer im herrlichsten Heldenmuthe glänzenden Nation anthun, weil sie zerstückelt war; ein so getheiltes Volk wird fest geeinten Nationen gegenüber immer unterliegen. Und diese Zerrissenheit Deutschlands, an der die Franzosen durch Jahrhunderte arbeiteten, wurde jetzt beim Pariser Frieden durch Anerkennung der Einzelsouveränitäten sanktionirt und so den Franzosen der eigentliche Sieg bereitet. Sie blieben ein starkes Volk in erweiterten Grenzen, die Deutschen ein schwaches mit verengerten, den Franzosen offenen Grenzen.

Der Wiener Kongreß.

Der Friede war zu Paris geschlossen. Alle Nationen, die in ihrem Innern nicht getheilt waren, die Engländer, die Russen, Oesterreich hatten dabei Zuwachs an Macht und Gebiet davon getragen. Selbst die besiegten Franzosen hatten mehr bekommen als sie vor dem Kriege hatten und dazu wurde ihnen von den siegreichen Mächten eine Verfassung garantirt, damit sie nicht mehr von ihren wiederkehrenden Königen tyrannisirt werden konnten. Nur die Deutschen, die doch hauptsächlich den Kampf geführt und den Sieg errungen hatten, gingen leer aus; sie wurden sogar dazu gebraucht, die Franzosen und die Holländer zu vergrößern!

Die alten Rheinbundsfürsten steckten sich wieder hinter die Franzosen, um mit deren Hülfe möglichst viel zu erlangen. Das kam den Herren Franzosen gerade recht. An diesem Faden rheinbündischer Niederträchtigkeit spannen sie sogleich ihre Ränke an, und so war man bald daran, daß sie die Hauptrolle spielten und nach ihrer Niederlage erst recht den Sieg über die Deutschen davon trugen. Denn woran sie

Jahrhunderte lang gearbeitet hatten, und was im letzten zwanzigjährigen Kriege ihr Ziel war, nämlich die vollständige Auseinander-
reißung der Deutschen, das gelang ihnen jetzt nach ihrer Besiegung.
Die Fürsten, die sich mit Hilfe der Franzosen von ihrer Verbindung
mit dem deutschen Reiche losgemacht hatten und sogenannte „Souveräne"
geworden waren, hätten jetzt, nachdem das Werk der Franzosen zerstört
war, doch wieder zu ihrer Pflicht gegen die deutsche Nation und gegen
ihre Landeskinder zurückgeführt werden sollen. Aber nein! sie blieben
unumschränkte Herren, sowohl Deutschland als ihrem Sondergebiet
gegenüber, und die Deutschen waren um die Früchte ihrer Leiden und
ihrer Opfer betrogen, denn sie standen gegen die Franzosen nicht als
einige starke Macht, sondern zerrissen, als schwache Völkertheile da.

Nach der Rückkehr von Paris sammelten sich die Fürsten und
Staatsmänner in Wien, und nun begannen unter allen möglichen Lust-
barkeiten, die Oesterreich 20 Millionen Gulden kosteten (daneben wüthete
überall eine schreckliche Hungersnoth) die Verhandlungen, der Länder
und Seelenschacher; sie bestrafen natürlich vor allem die deutsche Nation;
denn mit andern, die damals noch zerrissene italienische ausgenommen,
ließ sich kein solcher Handel treiben. Auch eine Verfassung sollte
Deutschland bekommen, die es ein wenig besser sicherte gegen wieder-
kehrende Raubanfälle seiner Nachbarn und die deutschen Provinzen sollten
ihre alten ständischen Rechte, die ihre Landesfürsten mit Hilfe der Franzosen abgeschafft hatten, wieder erlangen."

Die kleinen Landesherren, 31 an der Zahl, waren zwar ganz
bereit, „zum Besten des Ganzen" so viel von ihrer Machtvollkommen-
heit zu opfern, als nöthig war, Deutschland gegen äußere Feinde stark
zu machen, aber Bayern und Würtemberg waren zu gar keinem Opfer
zu bewegen, und wurden natürlich von Frankreich gehörig unterstützt,
dem ja alles daran lag, Deutschland recht zerrissen und schwach zu
erhalten.

Die Franzosen mischten sich also schon wieder in die deutschen
Dinge und es dauerte nicht lange, so saß der schlaue französische Gesandte im Rathe der Mächte, die über die Vertheilung Deutschlands
verfügten, also Franzosen wieder Schiedsrichter über die Deutschen!
und hier übten die Ränkeschmiede ihre alte Teufelskunst so, daß sie
die bisher Verbündeten tödtlich entzweiten und ohne ein besonderes
Ereigniß der Krieg unter den Staaten ausgebrochen wäre, die Fran-

reich eben in Gemeinschaft besiegt hatten. Vor allem trachteten sie, daß die Grenzfestungen gegen Frankreich, besonders Mainz und Luxemburg, nicht in die Hände Oesterreichs und Preußens kamen, sondern an Holland und einen ehemaligen Rheinbundsstaat, von welchen sie bei einem künftigen Kriegsfalle keinen großen Widerstand erwarteten. Ein Umstand besonders erleichterte den Franzosen ihr freches Ränkespiel, das war der Neid Oesterreichs und der Rheinbündler auf Preußen. Bayern hatte jetzt ganz vergessen, daß es schon lange nicht mehr existirte, wenn es Preußen nicht gegen die verschiedenen Annexionsversuche Oesterreichs gerettet hätte. Diese Rheinbundskönige haßten das Land, durch dessen Erhebung ihr Herr und Meister Napoleon gestürzt worden war. Auch Oesterreich war wieder voll Eifersucht. Zwar hatte es sich mit Preußen verbündet und beide hatten sich die Wiedererlangung ihres Besitzstandes vom Jahre 1805 nach glücklicher Beendigung des Krieges gelobt; aber Oesterreich hatte sich klug seine Fettstücke in Italien und seinen an Bayern übergegangenen Besitz vorweg genommen, während Preußen seine geraubten Provinzen an Bayern überlassen, um dieses zur deutschen Sache herüberzuziehen, und sonst sich mit leeren Versprechungen begnügt hatte. Aber nachdem der Kampf glücklich erledigt war, wollte Oesterreich von diesem Versprechen nichts mehr wissen. Metternich befreundete sich innig mit den ränkevollen Franzosen und spann mit diesen um die Wette Lug und Trug. Bayern und Würtemberg hetzten aus Leibeskräften und so kam drei Tage nach Beendigung des denkwürdigen Jahres 1814, in welchem die Sieger in Paris eingezogen waren, ein geheimer Vertrag zu Stande zwischen Oesterreich, England, Bayern, Würtemberg und Frankreich gegen Preußen und Rußland.

Jetzt hatte Frankreich erreicht, was es wollte. Sein Haß gegen den Befreier Deutschlands, gegen Preußen, war befriedigt; Deutschland abermals gespalten auf Tod und Leben.

Da fiel plötzlich eine Nachricht wie ein Donnerschlag in das nichtswürdige Getreibe zu Wien: Napoleon hatte seine Insel verlassen, war in Frankreich gelandet und von den Franzosen mit Jubel empfangen worden. Die Soldaten, die der König gegen ihn geschickt hatte, gingen sogleich zu ihm über, denn sie glaubten, nun beginne wieder die schöne Zeit, wo sie, die Soldaten der „großen Nation", in den deutschen Städten die Herren spielen und rauben konnten, nach

Herzensluft. So zog der Kaiser an der Spitze der Armee in Paris ein und der König mit seinem Hofe floh in solcher Eile, daß er den geheimen Vertrag mit Oesterreich und Consorten mitzunehmen vergaß. Napoleon fand ihn und schickte ihn sogleich an den russischen Kaiser, um diesen zu überzeugen, was er von seinen Bundesgenossen zu erwarten hatte. Er hoffte Rußland und Preußen dadurch von Oesterreich zu trennen und zu sich herüberzuziehen. Aber der Czar und Friedrich Wilhelm verziehen den Verrath und dachten nur daran, der Gefahr entgegenzutreten, die auf's Neue Europa drohte. Denn daß die Franzosen ihrem Napoleon abermals helfen würden bei seinem Unterjochungswerke, das war von diesem herrschsüchtigen eitlen Volke mit Gewißheit zu erwarten.

Diese Gefahr ließ Oesterreich und die Rheinbündler ihre Eifersucht auf Preußen einstweilen vergessen und gemeinschaftlich ging man dem neuen Kampfe entgegen. Es war diesmal nur ein kurzes Ringen. Nach einem Feldzuge von drei Tagen erfolgte die Entscheidung.

Demselben Volke, dem schon die erste Befreiung Deutschlands zu danken war, gegen das sich Oesterreich eben noch mit den Franzosen verbunden hatte, war es beschieden, zum zweitenmale Europa vor der Franzosengeißel zu retten.

Bei dem niederländischen Dorfe Waterloo wurde von den Preußen, anderen Norddeutschen und 27000 Engländern die große Schlacht geschlagen und die Franzosen in einem gräulichen Fluchtgedränge zersprengt, so daß alle ihre Schätze, Geldwagen, Gold und Edelsteine am Wege zerstreut gefunden wurden. Die Lorbeeren dieses letzten und entscheidenden Sieges gehörten wieder wie so viele frühere dem greisen Helden Blücher; er hatte zum zweiten Male mit seinen Tapfern den Weg nach Paris gebahnt und den Oesterreichern die leichte Mühe gelassen, ihm dorthin zu folgen. Er hatte wohl das Recht, an den König zu schreiben: „Ich bitte nur allerunterthänigst, die Diplomatiker dahin anzuweisen, daß sie nicht wieder das verlieren, was der Soldat mit seinem Blute errungen hat. Dieser Augenblick ist der einzige und letzte, um Deutschland gegen Frankreich zu sichern. Eure Majestät werden als Gründer von Deutschlands Sicherheit verehrt werden und auch wir werden die Früchte unserer Anstrengungen genießen, wenn wir nicht mehr nöthig haben, mit immer gezücktem Schwerte dazustehen."

5

Allein die „Diplomatiker" hatten schon alles verdorben. Auch dieser zweite glänzende Sieg kam der deutschen Nation nicht zu Gute. Sie blieb verdammt, gleich einer zerstreuten Schafheerde von den rings lauernden Raubthieren zu erzittern.

Der König von Preußen war nicht der Mann, das zu ändern. Statt dieses schwachen engherzigen Menschen hätte an seinem Platze ein Mann wie der Freiherr von Stein sein müssen, um über die volks= feindliche und undeutsche Politik Oesterreichs, über die französischen Machinationen und die absolutistischen Neigungen der Rheinbündler, über den Neid der fremden Mächte Herr zu werden, und den Deutschen die Stelle in der Welt zu geben, die ein so großes und tüchtiges Volk beanspruchen kann und deren es sich durch die letzten unvergleich= lichen Kämpfe doppelt würdig gezeigt hatte.

Schlußwort.

Aus dem hier Erzählten ersehen wir das grenzenlose Elend, das die Franzosen über uns gebracht, aber wir sehen auch, wodurch es den Feinden gelang, uns zu berauben und zu unterjochen. Aus unserer Uneinigkeit und unserem Verrath an Deutschland kam unsere Schwäche, unsere Erniedrigung und der Uebermuth der Fremden.

Seit drei Jahrhunderten hat Frankreich deutsche Länder gestohlen, seit drei Jahrhunderten hat es an der Vernichtung der deutschen Na= tion gearbeitet.

Heute hat das eitle und übermüthige Volk der Franzosen einen neuen Raubanfall auf Deutschland versucht. Seit dem Jahre 1866 sehen die Franzosen mit Neid und Wuth auf das wiedererblühende Deutsch= land, auf die allmälige Einigung und Erstarkung unserer Nation, auf das Ansehen, welches sie seitdem bei andern Völkern genießt. Angeblich hassen sie Preußens Vergrößerungssucht; aber sie boten diesem Preußen im Jahre 1866 selbst die Annexion von ganz Deutschland an, wenn es ihnen die bayrischen und hessischen Rheinlande nehmen ließe. Preußen wies den angesonnenen Verrath an Deutschland von sich und zog sich dadurch die tödtliche Feindschaft Frankreichs zu, das jetzt mit Gewalt an sich reißen wollte, was seine List nicht zu erlangen vermochte.

Die Geschichte zeigt uns, daß alle Kriege, die Deutschland seit Jahrhunderten zu führen hatte, durch seine Zerrissenheit verschuldet wurden; auch den gegenwärtigen hat Frankreich nur gewagt im Hinblick auf die Trennung des deutschen Südens vom Norden.

Die Erfolge des Kampfes haben bewiesen, welche Kraft dem einigen Deutschland innewohnt und welche hohe Stellung in der Welt dasselbe einnehmen wird. Schon jetzt sehen alle Völker, die bisher nur Hohn und Mitleid für die zerstreuten deutschen Stämme hatten, mit Hochachtung, ja mit Neid auf uns.

Wie lange haben wir uns demüthig geneigt vor den Franzosen und Russen und Engländern, ja selbst vor kleinen Nationen! Wie erbärmlich erging es uns in fremden Landen, nicht als ob wir untüchtiger, talentloser oder ungebildeter wären als Andere, sondern weil wir Bayern, Würtemberger, Hessen, Badenser u. s. w. waren, schwache Bruchtheile eines Volkes, das der Welt das verächtliche Schauspiel der Selbstzerfleischung gegeben und bei angeborner Kraft zu selbstverschuldeter Ohnmacht herabgesunken war. So armselig, so schutzlos und ohne Zuversicht war der Deutsche im Auslande, daß er sich seiner Herkunft schämte und sobald als möglich Name, Sprache und Sitte änderte und es in Allem den Fremden gleichzuthun suchte.

Wie hat sich das Alles in der kurzen Zeit seit unserm treuen Zusammenstehen geändert! Ein nie gekanntes Hochgefühl durchbringt uns — wir sind einmal stolz darauf, deutsch zu sein, stolz endlich wieder nach einem halben Jahrtausend voll Elend und Schmach. Hinauszujubeln möchten wir in alle Welt: Ein Volk ist erstanden, wir Deutsche sind auferstanden aus langer schwerer Ohnmacht und wir fühlen die große Zukunft, die hohe Mission, die uns die Vorsehung bestimmt. Glücklich müssen wir uns preisen Alle, die wir diese Zeit erlebt, eine Zeit, die seit vielen Jahrhunderten die Besten unseres Volkes mit heißer Inbrunst herbeigesehnt, für deren endliche Wiederkehr sie gearbeitet und gelitten und ihr Herzblut geopfert haben, die Zeit, wo Deutschland einig, wo die Söhne des Südens und des Nordens sich als Glieder einer Familie die Hände reichen. Ja, wir fühlen es jetzt Alle, mit wenigen traurigen Ausnahmen, wie sehr wir bisher selbst unser Glück untergraben durch unsern Zwist, den wir nur Andern zu Nutz und Gefallen unterhalten haben, uns aber zu ärgstem Schaden.

Aber die herrlichen Früchte unserer Eintracht im Kriege werden nur dann Bestand haben, wenn wir diese Eintracht zu einer festen, unauflöslichen Einigung im Frieden machen.

Schon einmal haben deutsche Helden geblutet für die Errettung des Vaterlandes vom Fremdenjoche und für seine Wiedererstehung zu alter Größe. Aber Deutschland wurde um den Lohn ihres Blutes betrogen von Diplomaten und Fürsten. Das deutsche Volk wurde um sein Vaterland betrogen, das es mit Opfern sonder Zahl wiedererkauft hatte.

Nicht noch einmal soll der Opfertod der deutschen Söhne verloren sein, nicht soll auf ihrem Grabe unser besiegter aber in seiner Einheit bald wieder starke Feind schließlich abermals über das zerrissene Deutschland triumphiren. Man frage unsere Helden von Weißenburg und Wörth, von Metz, Sedan und Orleans, die daliegen mit brennender Wunde und brechendem Auge, ob sie all' das geleistet und gelitten für die eigennützigen Prätensionen unserer Partikularisten? In ihrem Todesschmerze ist ihnen der letzte Trost die Hoffnung, daß sie die höchsten Opfer gebracht für ein unauflöslich geeinigtes, für alle Zeiten gesichertes, theures deutsches Vaterland. Der Friede muß diese Hoffnung erfüllen. Wie unsere Brüder von Süd und Nord sich sterbend die Hände reichten, so reichen wir Lebenden sie uns auf ihrem Grabe mit dem heiligen Gelöbniß, auf immer vereinigt zu bleiben in unauflöslichem Bunde. Dem Siege im Felde muß der zweite Sieg über alle unsere Sondergelüste und Parteileidenschaften folgen. Nur dann wird das vergossene Blut uns Segen bringen; dann werden wir eine Nation sein, groß und mächtig und reich und sicher und jedem einzelnen Gliede der deutschen Nation werden die Früchte zu Gute kommen, die aus diesem glücklichen Gemeinwesen erwachsen.

Druck von M. Vogt in München.